Collection
PROFI
dirigée par G

Série
10 TEX

Alcools (1913)

APOLLINAIRE

CLAUDE MORHANGE-BÉGUÉ
professeur de lettres

PIERRE LARTIGUE
professeur de lettres

HATIER

SOMMAIRE

- **1. Zone**
  (Début du poème)
  LECTURE MÉTHODIQUE 3

- **2. Zone**
  (Fin du poème)
  COMMENTAIRE COMPOSÉ 12

- **3. Le Pont Mirabeau**
  LECTURE MÉTHODIQUE 21

- **4. La Chanson du Mal-Aimé**
  (Strophes 1 à 5)
  LECTURE MÉTHODIQUE 29

- **5. La Chanson du Mal-Aimé**
  (Strophes 55 à 59)
  EXPLICATION DE TEXTE 38
  PLAN POUR UN COMMENTAIRE COMPOSÉ 45

- **6. Marie**
  LECTURE MÉTHODIQUE 46

- **7. L'Émigrant de Landor Road**
  (Strophes 1 à 7)
  LECTURE MÉTHODIQUE 54

- **8. Nuit rhénane**
  LECTURE MÉTHODIQUE 60

- **9. Mai**
  LECTURE MÉTHODIQUE 68

- **10. Automne malade**
  COMMENTAIRE COMPOSÉ 75

© **Les éditions GALLIMARD pour les poèmes d'Apollinaire.**

© HATIER, PARIS SEPTEMBRE 1993   ISSN 0750-2516   ISBN 2-218-05971-1

Toute représentation, traduction, adaptation ou reproduction, même partielle, par tous procédés, en tous pays, faite sans autorisation préalable est illicite et exposerait le contrevenant à des poursuites judiciaires. Réf. : loi du 11 mars 1957, alinéas 2 et 3 de l'article 41 • Une représentation ou reproduction sans autorisation de l'éditeur ou du Centre Français d'Exploitation du droit de Copie (3, rue Hautefeuille, 75006 Paris) constituerait une contrefaçon sanctionnée par les articles 425 et suivants du Code Pénal.

1 Zone

(Début du poème)

À la fin tu es las de ce monde ancien

Bergère ô tour Eiffel le troupeau des ponts bêle ce matin

Tu en as assez de vivre dans l'antiquité grecque et romaine

Ici même les automobiles ont l'air d'être anciennes
5 La religion seule est restée toute neuve la religion
Est restée simple comme les hangars de Port-Aviation

Seul en Europe tu n'es pas antique ô Christianisme
L'Européen le plus moderne c'est vous Pape Pie X
Et toi que les fenêtres observent la honte te retient
10 D'entrer dans une église et de t'y confesser ce matin
Tu lis les prospectus les catalogues les affiches qui chantent tout haut
Voilà la poésie ce matin et pour la prose il y a les journaux
Il y a les livraisons à 25 centimes pleines d'aventures policières
Portraits des grands hommes et mille titres divers

15 J'ai vu ce matin une jolie rue dont j'ai oublié le nom
Neuve et propre du soleil elle était le clairon
Les directeurs les ouvriers et les belles sténo-dactylographes
Du lundi matin au samedi soir quatre fois par jour y passent
Le matin par trois fois la sirène y gémit

20 Une cloche rageuse y aboie vers midi
Les inscriptions des enseignes et des murailles
Les plaques les avis à la façon des perroquets criaillent
J'aime la grâce de cette rue industrielle
Située à Paris entre la rue Aumont-Thiéville et l'avenue des Ternes

25 Voilà la jeune rue et tu n'es encore qu'un petit enfant
Ta mère ne t'habille que de bleu et de blanc
Tu es très pieux et avec le plus ancien de tes camarades René Dalize
Vous n'aimez rien tant que les pompes de l'Église
Il est neuf heures le gaz est baissé tout bleu vous sortez du dortoir en cachette
30 Vous priez toute la nuit dans la chapelle du collège
Tandis qu'éternelle et adorable profondeur améthyste
Tourne à jamais la flamboyante gloire du Christ
C'est le beau lys que tous nous cultivons
C'est la torche aux cheveux roux que n'éteint pas le vent
35 C'est le fils pâle et vermeil de la douloureuse mère
C'est l'arbre toujours touffu de toutes les prières
C'est la double potence de l'honneur et de l'éternité
C'est l'étoile à six branches
C'est Dieu qui meurt le vendredi et ressuscite le dimanche
40 C'est le Christ qui monte au ciel mieux que les aviateurs
Il détient le record du monde pour la hauteur
[...]

LECTURE MÉTHODIQUE

INTRODUCTION

Composé en 1912, « Zone » est chronologiquement le dernier poème écrit par Apollinaire avant la publication d'*Alcools*. Il est pourtant placé en tête du recueil, et cette situation témoigne de l'importance que lui portait le poète.

Si l'on part de l'étymologie du mot (le grec « *zônê* », la ceinture), le sens du titre « Zone » suggérerait ainsi, par la forme, la « composition circulaire », « en boucle », du recueil[1].

Le premier extrait de « Zone » que nous présentons (v. 1-41) offre deux centres d'intérêt, très liés l'un à l'autre : le goût du modernisme à travers l'évocation de la société contemporaine, et la profondeur du sentiment religieux.

1. L'EXPRESSION DU MODERNISME

Le goût d'Apollinaire pour le monde qui l'entoure se manifeste ici dans une esthétique[2] résolument moderniste. On peut voir aussi l'intérêt du poète pour les manifestations de la vie quotidienne. On analysera un aspect particulièrement moderne du discours poétique : le mélange des personnes des verbes.

L'esthétique moderniste

Le premier vers du texte exprime clairement une des raisons des choix esthétiques du poète : la lassitude devant des formes d'art qui lui paraissent dépassées, le néo-classicisme académique, le symbolisme, et même l'impressionnisme. Dans les *Méditations esthétiques* (1913), il proclame ses certitudes : « On s'achemine ainsi vers un art entièrement nouveau. » Quelles sont ces nouvelles formes d'art ? Le cubisme de Braque et de Picasso, le futurisme prôné par Marinetti, le fauvisme de Derain et Vlaminck, pour ne parler que de trois courants de la peinture du XXe siècle commençant.

Les formes modernes de l'architecture fascinent Apollinaire : ce sont les constructions industrielles dont la simplicité le séduit (« les hangars de Port-Aviation », v. 6), c'est l'esthétique de la ferraille, la tour Eiffel qu'ont peinte si souvent Delaunay et Chagall :

---
1. Voir *Alcools*, « Profil d'une œuvre » n° 25, p. 38.
2. L'esthétique, c'est le sentiment du Beau. L'esthétique moderniste, c'est le goût pour les formes modernes du Beau.

> Bergère ô tour Eiffel le troupeau des ponts bêle ce matin.

L'image qui se développe dans ce vers 2 est plastiquement intéressante. Les courbes des arches des ponts de la Seine évoquent les dos de moutons en troupeau. Elles appellent irrésistiblement l'assimilation de la tour, forme isolée sur les quais, et verticale, à une bergère. Cette bergère est située sur une *berge* de la Seine. On notera aussi le caractère insolite du bêlement des sirènes de péniches.

Le champ lexical de la vie quotidienne

Amoureux de Paris, c'est surtout la ville moderne qu'Apollinaire aime décrire. Plutôt que les grands monuments classiques, c'est une rue « industrielle » (v. 23) qui l'intéresse, une rue « neuve ». Elle est située hors des circuits touristiques traditionnels, et il en a « oublié » le nom. Cette rue est animée par des personnages présentés avec des mots simples, presque techniques :

> Les directeurs les ouvriers et les belles sténo-dactylographes
> Du lundi matin au samedi soir quatre fois par jour y passent
> (v. 17-18).

La vie moderne, ici, est suscitée par un riche vocabulaire de sons : « clairon » (v. 16), « gémit » (v. 19), « aboie » (v. 20), « criaillent » (v. 22). Cette musique moderne annonce celle d'Honegger (*Pacific 231*, 1923).

Loin de la déparer, ce sont les éléments concrets de la vie quotidienne qui assurent l'esthétique de la rue (v. 21-22):

> Les inscriptions des enseignes et des murailles
> Les plaques les avis à la façon des perroquets criaillent

Il est vrai qu'au début du XXe siècle le développement de la publicité (« réclame » à l'époque) s'accompagne, chez les affichistes, d'une recherche plastique de plus en plus affirmée. Delaunay et Dufy, par exemple, incorporent des affiches dans certains de leurs tableaux, ou en réalisent eux-mêmes. On voit ainsi une sorte de poétisation de l'urbanisme :

> Tu lis les prospectus les catalogues les affiches qui chantent
> [tout haut
> Voilà la poésie ce matin [...] (v. 11-12).

Pour conclure sur ce point, doit-on considérer que, dans le vers 23 : « J'aime la grâce de cette rue industrielle », les mots « grâce » et « industrielle » choquent dans leur rapprochement ? Sûrement pas : une fois l'effet de surprise passé, on peut bien souscrire à l'idée du poète qui refuse le passéisme, le goût de l'ancien temps. Il inscrit l'esthétique nouvelle dans un cadre nouveau, celui de la vie moderne de tous les jours. Si cette conception du modernisme peut paraître aujourd'hui trop datée, elle n'en est pas moins, en son temps, vigoureuse, décapante et porteuse d'avenir.

Un discours poétique moderniste

Le discours poétique se veut ici novateur, moderne. Beaucoup d'éléments stylistiques peuvent en témoigner, comme l'usage du vers libre, par exemple, ou l'absence de ponctuation. Nous retiendrons seulement le procédé par lequel le poète mélange les personnes des verbes, ainsi que la valeur des temps.

— Le « *je* » : il désigne le poète, ses activités, et les sentiments qu'il éprouve au moment où il écrit (v. 15, 23).

— Le « *tu* » : il désigne lui aussi le poète et ses sentiments actuels (v. 1, 9, 11).

— Mais la deuxième personne du singulier désigne également l'auteur à l'époque où il était enfant (v. 25-27). Ce rappel de l'enfance s'énonce avec le temps du présent (« es », « habille », v. 25-26), dans une continuité chronologique qui provoque un effet de surprise.

Ce parallélisme des personnes des verbes semble relever de la simple fantaisie ou, mieux encore, du désir de varier, en la modernisant, l'expression narrative traditionnelle.

— Quant au choix de la *deuxième personne du pluriel* (v. 28-30), qui désigne le poète enfant en compagnie de son camarade Dalize (v. 27), il peut s'expliquer par un désir de mise à distance. C'est la distance d'un passé certes lointain, mais rendu proche par l'usage du présent. Le choix du « vous », pour montrer la scène de la chapelle, a une valeur neutre, celle d'un énoncé objectif.

2. UNE TONALITÉ SPIRITUALISTE

Apollinaire ne peut pas être considéré comme un écrivain chrétien. Ce qui ressort de l'ensemble de son œuvre, ce serait plutôt l'athéisme. Néanmoins, des connaissances précises en matière de dogme, des accents spiritualistes, et même le sentiment du divin apparaissent, parfois, dans *Alcools*. L'extrait que nous étudions peut en témoigner. On y voit précisément une évocation de l'enfant pratiquant qu'a été le jeune Apollinaire et, dans la représentation du Christ, un élan lyrique chargé de religiosité. Ce sont les deux directions de recherche que nous mettrons en valeur, après avoir au préalable abordé la question des rapports entre modernisme et sentiment religieux.

Modernisme et religion

Le début de « Zone » semble présenter une contradiction dans la pensée. Au moment, en effet, où il proclame sa lassitude de l'Antiquité, le poète affirme également que le christianisme, datant pourtant de presque deux millénaires, n'a pas vieilli (v. 5, 8 et 9).

On pourrait croire le vers 9 ironique (Pie X, en 1907, s'est précisément élevé contre le modernisme de certains courants chrétiens de l'époque). Il n'en est rien. Il est sans doute plus juste de constater la lucidité du poète. Il entrevoit le caractère transitoire d'une actualité condamnée à être vite dépassée (c'est-à-dire le modernisme), en regard de l'impression de sortie du temps, qui se dégage de toute idée religieuse. Il faut alors parler, pour la religion, de modernité, c'est-à-dire ce qui reste perpétuellement moderne.

Cette contradiction entre les exigences évidentes du modernisme, inscrit dans son époque, et la permanence intemporelle du sentiment religieux qu'Apollinaire éprouve peut-être même contre son gré provoquent chez lui un désarroi certain (v. 9, 10) :

> Et toi que les fenêtres observent la honte te retient
> D'entrer dans une église et de t'y confesser ce matin

L'ambiguïté des sentiments se traduit dans le désir de se soumettre au sacrement de l'Église le plus « simple » (v. 6), le plus naturel, celui de la confession. À cela s'oppose la honte de l'adulte en qui prédominent les convictions athées.

Le début de « Zone », ainsi, est bien loin de proclamer, à l'aube du XXe siècle, des certitudes triomphantes devant le monde futur. Nous retrouverons le même malaise à la fin du poème, dans le second extrait (voir p. 19).

L'évocation d'une enfance pieuse

Au vers 25, la liaison entre la peinture de la rue industrielle et le rappel d'un moment de l'enfance du poète s'effectue avec beaucoup d'aisance. En effet, la rue moderne, s'opposant au « monde ancien », est « jeune ». C'est une transition toute naturelle vers la jeunesse du poète et la reprise, sous une autre forme, du thème religieux. Car ce qu'Apollinaire retient des années 1892-1895, pendant lesquelles, de la classe de sixième à la troisième, il fréquente comme pensionnaire le collège Saint-Charles à Monaco, ce sont des souvenirs de piété : « Tu es très pieux... » (v. 27). L'évocation de la vie religieuse de l'enfant est inséparable de celle de la naissance de son amitié avec René Dalize (mort à la guerre en 1917 ; Apollinaire lui dédiera *Calligrammes*).

Le plus surprenant, ici, est que le goût de l'interdit, caractéristique de l'état d'enfance, se manifeste non par une farce de collégien, mais par un zèle religieux quasi monacal :

> Il est neuf heures le gaz est baissé tout bleu vous sortez
> [du dortoir en cachette
> Vous priez toute la nuit dans la chapelle du collège
>
> (v. 29-30).

Le sentiment religieux, en fait, est bien éloigné de la vanité pompeuse des rites ; les deux enfants n'ont rien du Tartuffe, et risquent une punition pour satisfaire, en solitaires, leur envie de prier. L'enfant audacieux, ici, s'oppose à l'adulte timoré et honteux des vers 9 et 10.

La religiosité de la scène est confirmée par la couleur dominante bleue, couleur de la Vierge, à laquelle est voué l'enfant : « Ta mère ne t'habille que de bleu et de blanc » (v. 26). C'est la couleur du gaz d'éclairage de l'époque (« tout bleu », v. 29). Elle qualifie également, par l'adjectif « améthyste » du vers 31 (la pierre améthyste est mauve), la gloire du Christ, sur laquelle nous reviendrons plus loin.

L'élan lyrique

Les vers 31-40 forment, dans ce début de « Zone », un ensemble qui tranche sur le reste du poème par la singularité du ton. Pour célébrer le Christ, Apollinaire utilise un registre lyrique marqué par de nombreuses images et par le procédé de l'anaphore.

L'anaphore consiste en la reprise d'un mot, ou d'un groupe de mots, en début de vers : ici, le présentatif « c'est », répété huit fois. En règle générale, l'anaphore est un procédé rhétorique d'insistance, d'amplification. Employé en poésie, il a une force supplémentaire, et crée ce qu'on pourrait appeler le « ronron » poétique, où la répétition des sons a une valeur incantatoire.

L'incantation est une série de formules magiques destinées à modifier l'ordre du monde ; par exemple, changer les sentiments d'une personne ou provoquer un phénomène météorologique. Toutes les religions ont repris pour leur compte l'incantation magique primitive. Le christianisme en a tiré, notamment, *la litanie*, type de longue prière à caractère monotone et répétitif. Il va de soi que, en raison de la minceur de la frontière entre religion et poésie, les poètes se sont emparés du procédé, surtout depuis les premiers romantiques allemands.

L'intérêt de l'anaphore, dans ce passage, est qu'elle est précisément au service à la fois de la poésie et d'un sentiment religieux très fort. On pense ici au poète chrétien Charles Péguy qui, dans *Ève* (fin 1913) par exemple, multiplie systématiquement ce procédé.

Les images

Une série d'images traduisent l'adoration du Christ en gloire. Au sens religieux du terme, la gloire est la lumière, l'auréole qui entoure le visage. Le Christ est successivement assimilé à :
— un *lys*, symbole biblique, et symbole du royaume de France ;
— une *torche*, dont la flamme est implicitement comparée à la couleur rousse, volontairement choisie ici, des cheveux du Christ ;

— un *arbre*, dont les feuilles persistantes représentent toutes les prières qui s'élèvent de l'humanité ;
— la *croix* (« double potence », v. 37), dont les branches sont abstraites (« honneur » et « éternité », v. 37) ;
— l'*étoile à six branches*, formée de deux triangles isocèles encastrés ; c'est l'étoile de David, roi biblique, qui est un symbole judaïque ;
— un *aviateur*, symbole concret de la résurrection évoquée au vers 39.

La plupart de ces images ont en commun la verticalité des lignes (« lys », « torche », « arbre », « potence ») et la luminosité des couleurs (« flamboyante », « roux », « vermeil »).

Revenons sur la dernière image de l'aviateur, dont la force étonnante procède d'un mélange du réalisme le plus moderniste (Apollinaire adorait l'aviation) et d'un humour percutant. Elle provient de l'image de la croix, dont les deux branches latérales figurent évidemment les ailes d'un avion. L'ascension de l'avion est mise en parallèle avec celle du Christ, dont la montée au Ciel est rappelée chaque année par la fête de l'Ascension. Il n'y a rien d'irrévérencieux dans cette image, ni de provocateur. Mais le ton est surréaliste, et surtout étonnamment cocasse dans l'idée du Christ recordman d'altitude. Rien n'est plus poétiquement efficace que cette explosion humoristique qui termine la litanie, comme un éclat de rire, dans une gradation parallèle à l'idée-force ascensionnelle.

■■■■ CONCLUSION

Pour terminer sur cette ouverture de « Zone », on pourra mettre l'accent sur l'originalité d'un poète qui sait admirablement mélanger :
— les thèmes : réflexion sur le monde actuel, peinture de la ville, souvenirs d'enfance, exaltation religieuse ;
— les tons : descriptif, lyrique, comique ;
— les types de vers, du vers libre descriptif au vers lyrique de la litanie.

Cette ouverture frappe par sa nouveauté. Nous aurons, à la fin du second extrait, à insister de nouveau sur le renouvellement poétique, ici le meilleur signe de la modernité.

2 Zone

(Fin du poème)

[...]
115 Tu as fait de douloureux et de joyeux voyages
Avant de t'apercevoir du mensonge et de l'âge
Tu as souffert de l'amour à vingt et à trente ans
J'ai vécu comme un fou et j'ai perdu mon temps
Tu n'oses plus regarder tes mains et à tous moments je voudrais sangloter
120 Sur toi sur celle que j'aime sur tout ce qui t'a épouvanté

Tu regardes les yeux pleins de larmes ces pauvres émigrants
Ils croient en Dieu ils prient les femmes allaitent des enfants
Ils emplissent de leur odeur le hall de la gare Saint-Lazare
Ils ont foi dans leur étoile comme les rois-mages
125 Ils espèrent gagner de l'argent dans l'Argentine
Et revenir dans leur pays après avoir fait fortune
Une famille transporte un édredon rouge comme vous transportez votre cœur
Cet édredon et nos rêves sont aussi irréels
Quelques-uns de ces émigrants restent ici et se logent
130 Rue des Rosiers ou rue des Écouffes dans des bouges
Je les ai vus souvent le soir ils prennent l'air dans la rue
Et se déplacent rarement comme les pièces aux échecs
Il y a surtout des Juifs leurs femmes portent perruque
Elles restent assises exsangues au fond des boutiques

135 Tu es debout devant le zinc d'un bar crapuleux
Tu prends un café à deux sous parmi les malheureux

Tu es la nuit dans un grand restaurant

Ces femmes ne sont pas méchantes elles ont des soucis
  cependant
Toutes même la plus laide a fait souffrir son amant

140 Elle est la fille d'un sergent de ville de Jersey

Ses mains que je n'avais pas vues sont dures et gercées

J'ai une pitié immense pour les coutures de son ventre

J'humilie maintenant à une pauvre fille au rire horrible
  ma bouche

Tu es seul le matin va venir
145 Les laitiers font tinter leurs bidons dans les rues

La nuit s'éloigne ainsi qu'une belle Métive
C'est Ferdine la fausse ou Léa l'attentive

Et tu bois cet alcool brûlant comme ta vie
Ta vie que tu bois comme une eau-de-vie

150 Tu marches vers Auteuil tu veux aller chez toi à pied
Dormir parmi tes fétiches d'Océanie et de Guinée
Ils sont des Christ d'une autre forme et d'une autre
  croyance
Ce sont les Christ inférieurs des obscures espérances

Adieu Adieu

155 Soleil cou coupé

COMMENTAIRE COMPOSÉ

[INTRODUCTION]

Trois thèmes dominants parcourent la fin de « Zone » et organisent le mouvement du texte : un bilan personnel désenchanté, les espoirs illusoires des émigrants et la solitude douloureuse du poète. Nous allons les analyser dans leur succession.

[1. UN BILAN DÉSENCHANTÉ]

Les vers qui précèdent cet extrait évoquent divers lieux d'Europe qu'Apollinaire a connus dans les années antérieures, et rappellent des événements et des situations où il s'est trouvé. À partir du vers 115, il semble que ce soit une sorte de bilan personnel de sa vie que tire le poète, âgé de trente-deux ans quand il écrit ce texte, en 1912. Un bilan, c'est un retour sur soi-même, un retour au point de départ, le sentiment que la boucle est bouclée. C'est ce que nous appellerons la « circularité » dans « Zone » (voir p. 5). Cette circularité se manifeste dans l'espace et dans le temps. La réflexion sur soi-même est également marquée par l'opposition des personnes dans les verbes.

[Le « je » et le « tu »]

Nous avons déjà vu (p. 7) le procédé qui consiste à opposer les personnes des verbes pour désigner un seul et même individu, le poète. Le procédé est constant jusqu'à la fin du texte mais, dans les vers 115-121, il a une valeur particulière. Dans une sorte de dédoublement de la personnalité, la conscience morale du poète, qui constate et qui juge, est exprimée, semble-t-il, par la deuxième personne du singulier :

> Tu as fait de douloureux et de joyeux voyages (v. 115).
> Tu as souffert de l'amour [...] (v. 117).
> Tu n'oses plus regarder tes mains [...] (v. 119).
> Tu regardes les yeux pleins de larmes ces pauvres émigrants (v. 121).

D'autre part, le temps du passé composé est celui du constat de la vie passée et finie au moment du discours. Le présent, lui, est le temps du reproche.

> Tu as souffert de l'amour [...] (v. 117).
> Tu n'oses plus regarder tes mains [...] (v. 119).

Le « je », en revanche, serait plutôt réservé à la conscience présente du poète, la conscience immédiate, qui souffre et reconnaît comme fondés les reproches du Moi accusateur :

> J'ai vécu comme un fou et j'ai perdu mon temps (v. 118).
> ... et à tous moments je voudrais sangloter (v. 119).

Le passage du « tu » au « je » a ainsi une valeur dramatique qui renforce l'impression de désarroi moral donnée par la fin du texte.

[La circularité de l'espace et du temps]

Le vers 115 : « Tu as fait de douloureux et de joyeux voyages », résume bien les errances du poète dans sa jeunesse, cette sorte de parcours initiatique. Le souvenir en est parsemé de détails pittoresques, de la Méditerranée aux Pays-Bas, en passant par Prague, Marseille, Coblence, Rome.

Mais le souvenir porte aussi les traces du malheur. Ce malheur est passé, comme en témoignent les temps des verbes : « Tu as fait » (v. 115), « Tu as souffert » (v. 117), « ce qui t'a épouvanté » (v. 120).

Mais c'est surtout le résultat présent qui est important ici, l'aveu de l'échec : « J'ai vécu comme un fou et j'ai perdu mon temps » (v. 118). L'amertume du bilan d'Apollinaire, dans « Zone », fait penser à celle qu'exprime Baudelaire dans son poème des *Fleurs du mal*, « Le Voyage ». Parti des berges de la Seine, Apollinaire se retrouve à Paris, et ce retour au point de départ n'est pas le signe d'un enrichissement.

Bien au contraire, le temps a été perdu (de vingt à trente ans), et le seul gain semble être celui de la découverte du vieillissement, et du mensonge (v. 116). Quel est ce mensonge ? Sans nul doute, celui de la « fausseté de l'amour » dont le poète parle dans « La Chanson du Mal-Aimé ». En 1904, la dernière tentative d'Apollinaire pour renouer avec Annie Playden échoue et, en 1912, son deuxième grand amour, Marie Laurencin, rompt avec lui. C'est ici la circularité du temps qui se manifeste, au vers 117 surtout : la répétition douloureuse de l'échec de l'amour est le signe de l'inanité de l'expérience temporelle. À presque dix ans d'intervalle, le poète n'a rien appris, et se retrouve dans la même situation de malheur.

▬▬▬ [2. L'ILLUSION DES ÉMIGRANTS]

Le thème de l'émigration, des vers 121 à 134, découle naturellement de celui du bilan négatif : le sentiment du temps perdu appelle un désir de fuite, et de fuite sans retour. Le poète, ainsi, se sent proche de ceux qui veulent abandonner leur pays pour ne plus revenir, les émigrants. Apollinaire est sensible au pittoresque dégagé par la foule des émigrants, et s'apitoie également sur la vanité de leurs rêves.

[Le pittoresque]

Les « pauvres émigrants » qui à la fois attirent la curiosité du poète et provoquent sa pitié, il les a souvent croisés à l'époque où, de 1904 à 1907, il habitait avec sa mère au Vésinet, dans la banlieue ouest de Paris. Il prenait ainsi régulièrement le train à la gare Saint-Lazare. Cette gare dessert également Le Havre, point de départ de l'émigration pour l'Amérique.

Le croquis des émigrants se fait par touches humoristiques, mais avec sympathie. On peut noter ainsi :
— l'opposition du vers 122 : « Ils croient en Dieu ils prient / les femmes allaitent des enfants » ;
— la notation amusée du vers 123 : « Ils emplissent de leur odeur le hall de la gare... » ;
— la référence aux « rois-mages » du vers 124, où « étoile » est pris, par jeu, à la fois au sens astrologique et au sens évangélique de l'astre qui conduit les rois ;
— le calembour du vers 125 : « gagner de l'argent dans l'Argentine » ;
— le détail insolite, risible et pathétique en même temps, au vers 127 : « Une famille transporte un édredon rouge... » où

la couleur amène l'image du cœur que l'on « transporte ». Autant d'éléments qui confirment le caractère varié, fantaisiste, cosmopolite de la poésie de « Zone », comme nous l'avons vu dans le premier extrait.

[Les rêves illusoires]

Les rêves des émigrants, comme ceux du poète, tournent court. Le tableau des émigrants qui n'ont pas pu partir, ou qui ont renoncé au dernier moment, donne une sensation d'étouffement, de paralysie, d'autant plus pénible que le poète s'assimile à eux : « Cet édredon et *nos* rêves sont aussi irréels » (v. 128).

Ces malchanceux, ou ces timorés, Apollinaire les situe dans la partie juive du quartier du Marais à Paris (« Rue des Rosiers ou rue des Écouffes », v. 130). À l'inverse du grand large avec le bateau des partants, l'air, ici, est raréfié : « dans des bouges » (v. 130), « ils prennent l'air dans la rue » (v. 131), « au fond des boutiques » (v. 134).

C'en est fini du rêve de conquête des grands espaces. Ici, le mouvement s'arrête : « restent ici » (v. 129), « se déplacement rarement » (v. 132), « restent assises » (v. 134). Cette immobilité a un caractère solennel et étrange, dans l'image « comme les pièces aux échecs » (v. 132). Même étrangeté dans le détail du rituel juif : « leurs femmes portent perruque » (v. 133), parce que, pour les Juifs croyants, la chevelure de la femme étant impure doit être rasée, et cachée sous une perruque. Mais c'est surtout l'adjectif « exsangues » (v. 134), qui signifie « vidé de son sang », qui porte le contenu émotionnel le plus fort. Exactement comme le rouge de l'édredon et du cœur est devenu irréel, le sang, signe de vie, se retire du corps. Les rêves ont disparu, dans une douloureuse désillusion où, redisons-le, le poète est partie prenante (« *nos* rêves », v. 128).

▰▰▰ [3. LA SOUFFRANCE DU POÈTE]

Dans la fin du texte, du vers 135 au vers 155, il s'agit d'abord d'une souffrance sentimentale. Rappelons que Marie Laurencin a quitté Apollinaire environ depuis un an quand il écrit « Zone ». Mais le malheur a également ici un aspect plus intellectuel : c'est le désespoir du poète assailli par le doute sur la valeur du monde moderne privé, comme lui, de ses aspirations religieuses.

[Le désarroi sentimental]

La fin de « Zone » dresse du poète mal-aimé un portrait douloureux où se poursuit l'alternance de la deuxième et de la troisième personne du singulier. Le « tu » est réservé aux notations impersonnelles, le « je » exprime les sentiments personnels. On y voit le circuit du noctambule qui, jusqu'à l'aube, essaie d'oublier son chagrin. Parallèlement à l'anonymat du « grand restaurant » (v. 137), trois notations misérabilistes caractérisent une autre halte : le bar est « crapuleux », le café « à deux sous », les clients « malheureux » (v. 135-136).

Le même contexte négatif, marquant peut-être l'autopunition, se retrouve dans le choix des compagnes de rencontre : « la plus laide » (v. 139), « ses mains [...] dures et gercées » (v. 141), « les coutures de son ventre » (v. 142), « une pauvre fille au rire horrible » (v. 143). La beauté de la nuit, comparée à une métisse à la peau brune (« une belle Métive », v. 146), est dépréciée immédiatement avec le début du vers suivant (« C'est Ferdine la fausse... ») rappelant la fausseté de l'amour.

S'il est vrai que le désarroi sentimental s'accompagne d'un contexte de misère et de laideur, on aurait tort d'y voir le signe d'une provocation, ou d'une agressivité. Au contraire, c'est la sympathie pour les autres dont témoigne le poète dans la fraternité du malheur :

> Ces femmes ne sont pas méchantes elles ont des soucis [cependant (v. 138).

On notera la gradation des sentiments exprimés par « je » avec le vers 142 : « J'ai une pitié immense... » et le vers 143 : « J'humilie maintenant [...] ma bouche ». Le verbe humilier exprime le sentiment d'être tombé bien bas (« humilier » vient d'« *humus* », la terre). Mais il y a aussi, dans cette sorte de baiser au lépreux, l'amour pour l'humanité souffrante.

[Le désespoir intellectuel]

Le malheur du mal-aimé se double, dans les six derniers vers de « Zone », d'un malaise qui est, lui, d'origine intellectuelle. Ce malaise est provoqué par toutes les questions à demi formulées qui sous-tendent l'ensemble de « Zone », et auxquelles le poète ne donne pas de réponse claire ni catégorique. Quelles sont ces questions ? Elles sont de deux ordres : où va le monde moderne, vers un avenir heureux ou non ? D'autre part, que va devenir ce monde sans la spiritualité religieuse, celle de notre civilisation, le christianisme ? L'intérêt des réponses, ici, est dans le refus d'une formulation démonstrative et sèche. C'est par les comparaisons allusives, par la force des images, que le poète suggère plutôt qu'il n'explique le trouble dans lequel le plonge cette interrogation sur le XXe siècle commençant.

L'ultime méditation du texte se fait dans un contexte propice, la marche solitaire à l'aube (v. 150). Le vers 151 : « Dormir parmi tes fétiches d'Océanie et de Guinée » nous rappelle qu'Apollinaire, amateur d'art et critique compétent, fut l'un des premiers à s'intéresser aux arts des civilisations africaine et océanienne, aux masques nègres qui allaient devenir à la mode et inspirer des peintres comme Braque et Picasso. Mais plus que leur beauté plastique, c'est la fonction religieuse des fétiches qui est notée aux vers 152-153.

Il ne s'agit certainement pas ici de valoriser les religions primitives en comparant les fétiches au Christ. Mais le doute religieux qui, nous l'avons vu plus haut, assaille le poète, relativise plutôt le christianisme, le réduit à une croyance païenne. De ce fait, la modernité du christianisme n'a pas plus de valeur que celle des « Christ inférieurs ». L'espérance, qui est avec la foi et la charité l'une des trois vertus cardinales chrétiennes, devient « obscure[s] ». On peut donc parler ici d'échec des aspirations spiritualistes du poète, de désespérance devant le néant du devenir religieux du monde moderne.

Cette impression est confirmée par les deux derniers vers. L'adieu répété du vers 154 marque certainement une rupture avec le « monde ancien ». Mais on doit y associer la condamnation d'un monde moderne privé, dans le cœur du poète, de la « gloire » du Christ (voir p. 10), privé du soleil spirituel.

Le vers 155, « Soleil cou coupé », a la concision brutale d'un couperet de guillotine. Le rouge du soleil levant, c'est le rouge sang d'un supplicié. La décapitation symbolique du christianisme est évidente, mais la décapitation de l'homme aussi, évoquée par le mot « cou ». Le poète suggère ainsi que le monde moderne risque d'être, dans la souffrance, déshumanisé.

▬▬ [CONCLUSION]

L'importance de la fin de « Zone » peut se résumer avec deux vers (v. 148-149) dont nous n'avons rien dit plus haut :

> Et tu bois cet alcool brûlant comme ta vie
> Ta vie que tu bois comme une eau-de-vie

L'intérêt de ces vers est d'abord qu'ils expliquent le titre du recueil, *Alcools*. Chacun des poèmes est comme un alcool que boit le poète, et représente un élément de sa vie, un aspect de son caractère, une facette du monde qui l'entoure. Cet alcool est signe de force, parce qu'il est « eau-de-vie », et même la quintessence de la vie. Une vie au centre de l'œuvre, « brûlante », joyeuse, inquiète, parfois désespérée, mais toujours passionnée, toujours digne d'être bue.

Ces deux vers montrent également l'importance de « Zone » au début du recueil. C'est le poème qui lance le thème de l'alcool, régulièrement repris ensuite, pour aboutir à la vendange finale de « Vendémiaire ». On ne saurait mieux signifier que « Zone » annonce les principaux thèmes du recueil : le mal d'amour, les tentations de l'évasion, la fascination et la répulsion du monde moderne, l'inquiétude spirituelle, l'amour de l'humain. Et, coiffant l'ensemble de cette thématique, la quête de la poésie.

3 Le Pont Mirabeau

Sous le pont Mirabeau coule la Seine
    Et nos amours
  Faut-il qu'il m'en souvienne
La joie venait toujours après la peine

5   Vienne la nuit sonne l'heure
      Les jours s'en vont je demeure

Les mains dans les mains restons face à face
    Tandis que sous
  Le pont de nos bras passe
10 Des éternels regards l'onde si lasse

      Vienne la nuit sonne l'heure
      Les jours s'en vont je demeure

L'amour s'en va comme cette eau courante
    L'amour s'en va
15   Comme la vie est lente
Et comme l'Espérance est violente

      Vienne la nuit sonne l'heure
      Les jours s'en vont je demeure

Passent les jours et passent les semaines
20   Ni temps passé
  Ni les amours reviennent
Sous le pont Mirabeau coule la Seine

      Vienne la nuit sonne l'heure
      Les jours s'en vont je demeure

LECTURE MÉTHODIQUE

■ INTRODUCTION

Publié en février 1912 dans la revue *Les Soirées de Paris*, ce poème est inspiré par Marie Laurencin. Très épris de la jeune femme, Apollinaire a eu avec elle une liaison à partir de 1907. Mais, lassée par son caractère difficile, Marie quitte le poète, qui écrit « Le Pont Mirabeau » après la rupture.

En 1911, Apollinaire habitait depuis deux ans le quartier d'Auteuil, dans le XVIe arrondissement, et aimait à emprunter le pont Mirabeau quand il rentrait chez lui à pied, venant de la rive gauche. Il était sans doute souvent en compagnie de Marie. L'image de ce pont est donc naturellement associée au souvenir des amours du poète.

Le pont a, de plus, une valeur symbolique que nous analyserons d'abord avec le caractère élégiaque du poème. La musicalité du texte sera notre seconde approche.

■ 1. UN POÈME ÉLÉGIAQUE

Poème d'amour, « Le Pont Mirabeau » peut être également considéré comme une élégie. Le genre de l'élégie, qui vient du mot grec signifiant « plainte », est, depuis l'Antiquité, un poème généralement court. Sa tonalité est l'expression de la tendresse, de la mélancolie, du regret, de la nostalgie. Apollinaire fait, dans *Alcools*, un grand usage du registre élégiaque[1]. On retrouve dans ce poème deux des thèmes élégiaques les plus usuels : le temps qui passe et le souvenir des amours mortes. Un troisième thème, assez original celui-là, apparaît dans « Le Pont Mirabeau » : la permanence de l'Être.

L'expression du temps qui passe

Très fréquent en poésie, et particulièrement dans l'élégie, le thème de la fuite du temps trouve ici une expression bien adaptée. L'écoulement de l'eau du fleuve, en effet, symbolise

---

1. Voir *Alcools*, « Profil d'une œuvre », n° 25, p. 18-28.

avec justesse la succession des heures, des jours, des années. Les deux éléments de l'image comportent les mêmes caractères : la lenteur (v. 15), la continuité ininterrompue (« éternels », v. 10), l'irréversibilité (v. 20-21). Autour du symbole du vers 1, « coule la Seine » (repris au vers 22), le champ lexical de la fuite du temps s'organise à partir des verbes. Ils sont tous au temps du présent, sauf « venait » (v. 4). Ce temps marque la continuité éternelle : « passe » (v. 9), « s'en va » (v. 13 et 14), « Passent » (v. 19, répété) et repris par le participe « passé » (v. 20), et surtout « s'en vont », au deuxième vers du refrain, repris quatre fois.

La symbolique de l'eau courante, signe de l'écoulement du temps, n'est pas vraiment nouvelle. Héraclite, chez les anciens Grecs, en faisait le pivot de sa philosophie. Les écrivains romantiques, Chateaubriand entre autres, l'ont beaucoup reprise. Elle est ici particulièrement expressive, malgré une très grande simplicité apparente, en raison de l'adéquation parfaite du thème, de la fluidité des vers, et du mouvement giratoire du poème, comme on le verra plus loin.

Comparaisons et images : le souvenir des amours mortes

En établissant la comparaison entre l'eau du fleuve et l'amour, le vers 13 élargit le thème de la fuite du temps :

> L'amour s'en va comme cette eau courante

Notons, au passage, que « comme », aux vers 15 et 16, n'a plus de valeur de comparaison, mais est un adverbe d'exclamation. Les vers 21 et 22, dans leur rapprochement, associent également l'amour et la Seine.

L'évocation de l'amour passé, malgré les orages vécus par les deux amants, n'a aucun caractère dramatique, ni désespéré. Elle est comme filtrée, adoucie par le souvenir :

> Et nos amours
> Faut-il qu'il m'en souvienne (v. 2-3).

Cette interrogation (mais qui peut être aussi, dans une délicieuse ambiguïté, une exclamation en forme de soupir) se fait sur un ton de lassitude, sans agressivité. Le vers 4 rappelle aussi bien les souvenirs heureux que malheureux :

> La joie venait toujours après la peine

La quasi-généralisation du présent[1] indique la continuité du souvenir, comme la continuité du courant du fleuve. Mais le souvenir évoque une histoire d'amour qui a fini, sans pouvoir jamais revenir en arrière, comme le fleuve du temps :

> Ni temps passé
> Ni les amours reviennent (v. 20-21).

La dernière comparaison entre l'eau et l'amour se place, elle aussi, sous le signe de la lassitude (v. 8-10) :

> Tandis que sous
> Le pont de nos bras passe
> Des éternels regards[2] l'onde si lasse

La belle image de l'union des amants (sur laquelle nous reviendrons plus loin) est comme assombrie par la pesanteur du temps. L'onde s'épuise d'être regardée, comme s'épuise le regard mutuel des amants, dans une liaison qui a trop duré.

Une image symbolique de la permanence de l'Être

Les amours sont mortes, mais le poète est toujours là pour les chanter. La continuité du fleuve, c'est aussi la continuité psychique du poète, la permanence de son être, affirmée quatre fois dans le refrain, et terminant le poème :

> Les jours s'en vont je demeure

Le symbole du pont, forme éternellement fixe au-dessus du flot continu du fleuve, est au centre du poème. L'affirmation de l'Être n'a aucun caractère triomphant ; il suffit du vers 15 pour nous l'indiquer :

> Comme la vie est lente

La lenteur de la vie est moins le signe de l'ennui que celui du sentiment de la permanence : le fleuve s'écoule, mais demeure éternellement. Il faut voir là l'affirmation de la continuité de la conscience et, plus généralement, de la vie.

---

1. Le verbe « venait » (v. 4) est seul à être au passé dans le poème.
2. Précisons la fonction grammaticale de « regards » : complément inversé de l'adjectif « lasse », marquant la cause.

Évitons, sur ce point, la tentation d'interpréter les vers 15 et 16 comme un appel à d'autres amours, ce qui serait banal, voire vulgaire. Il est plus juste d'évoquer la santé physique et psychique de l'homme qui, au milieu d'une chanson d'amour mélancolique, s'exclame, de si énergique façon :

> Et comme l'Espérance est violente (v. 16).

La permanence de l'Être, c'est aussi celle de la poésie, qui s'inscrit dans l'éternel. C'est ainsi que le passage de l'image symbolique du pont à celle du « pont de nos bras », évoqué à la strophe 2, a pour fonction de pérenniser l'amour passé. Cette opération est possible par la valeur magique du vers. Ce qui est *dit* par le poète est *fait* (« poète » est un mot issu de la racine grecque du verbe « faire »). Et en réalité, aucun lecteur d'*Alcools* ne pourra s'empêcher, s'il traverse le pont Mirabeau, de penser à ce poème. Le « face à face » (v. 7) de Guillaume et de Marie est fixé pour l'éternité[1].

■ 2. UN POÈME MUSICAL

« Le Pont Mirabeau » est une chanson, pleine de musique. Cette musicalité du poème se traduit d'abord par la présence d'un refrain, et de nombreux éléments répétitifs. La structure rythmique du poème contribue également à la musicalité, renforcée enfin par le jeu des sonorités et des rimes.

Le refrain et les répétitions

On a vu plus haut, à propos de la litanie (voir p. 10), que le caractère incantatoire de la poésie était souvent obtenu par des effets de répétition. Le procédé se retrouve ici avec la présence d'un refrain répété quatre fois, qui expose avec une force lancinante le thème majeur de la permanence. Les subjonctifs répétés, « vienne » et « sonne », redoublent, à chaque fois, la reprise. Notons au passage que leur valeur est équivoque : soit un souhait (« Vienne la nuit » = puisse

---

[1]. La même incantation magique se trouvait déjà à la fin du « Lac » de Lamartine : « Que [...] tout dise : "Ils ont aimé !" » L'image du poète et de sa bien-aimée est ainsi pour toujours associée au lac du Bourget.

la nuit venir), soit une concession (= même si la nuit vient). Le refrain, dans sa répétition, traduit aussi l'idée de la marche successive et inéluctable des jours (« Les jours s'en vont »). Enfin, il rattache « Le Pont Mirabeau » au genre de la chanson, genre lyrique, c'est-à-dire musical (la lyre est l'instrument symbolique du poète).

Le caractère cyclique, presque rotatif, du retour du refrain est confirmé, dans le texte, par de nombreuses répétitions. La principale est celle du premier vers du premier « couplet », qui devient dernier vers du dernier couplet. À l'évidence, c'est ici une structure en boucle fermée, chère à Apollinaire (voir la « circularité », p. 15). Mais la circularité est aussi le signe de l'éternel recommencement des jours et des semaines. Cet éternel retour est également exprimé par la répétition au vers 19 (appuyée ensuite par la reprise « ni »... « ni ») :

> Passent les jours et passent les semaines

Les autres répétitions du texte ont une valeur essentiellement musicale, nuancée d'insistance, et en forme d'écho, comme aux vers 13 et 14 :

> L'amour s'en va comme cette eau courante
> L'amour s'en va

La même strophe reprend le principe de la répétition avec le redoublement de l'exclamation : « comme... comme... ». Remarquons enfin, au vers 7, le tour de force d'une double répétition dans un décasyllabe :

> Les mains dans les mains restons face à face

Une bonne part du charme de ce texte tient dans ces séries de reprises ronronnantes. Le moteur de la poésie, ici, « tourne » bien.

La structure rythmique

Nous analyserons essentiellement les rythmes de la première strophe, les trois autres étant identiques, dans leur forme, à la première.

Le premier et le dernier des quatre vers de la strophe sont des décasyllabes, encadrant deux vers respectivement de quatre et six syllabes (10 + 4 + 6 + 10). Une première version manuscrite du poème, datant d'avant la suppression de la ponctuation, montre qu'Apollinaire avait d'abord songé à une strophe de trois décasyllabes (10 + 10 + 10) :

> Sous le pont Mirabeau coule la Seine
> Et nos amours, faut-il qu'il m'en souvienne
> La joie venait toujours après la peine

La version définitive témoigne d'un net progrès. Sur le plan purement rythmique, en effet, le découpage en deux vers (4 + 6) du deuxième décasyllabe primitif développe une séquence 4 + 6 + 10. Cette séquence est plus riche, par la suite de plages rythmiques en progression quantitative, en augmentation de volume sonore, en succession de rebonds de plus en plus larges, comme un triple saut.

Un premier effet de cette modification est donc l'accroissement du souffle, de la respiration rythmique. Cet effet est particulièrement sensible à la strophe 3, en parfait accord avec le sens des vers :

> L'amour s'en va [...]
> Comme la vie est lente
> Et comme l'Espérance est violente

Une deuxième conséquence se remarque dans la fluidité des vers. La strophe 2 est, à cet égard, caractéristique :

> Tandis que sous
> Le pont de nos bras passe
> Des éternels regards l'onde si lasse

Les enjambements obtenus par le système 4 + 6 + 10, ainsi que l'inversion du sujet « onde », obligent à une diction continue des trois vers, formant au total vingt syllabes. Le procédé rythmique est évidemment à mettre en parallèle avec la continuité du flot du fleuve.

Un dernier effet consiste en la production d'ambiguïtés poétiques. Ainsi, à la strophe 1, le mot « amours » peut être, grammaticalement :
— soit le sujet partiel de « coule » (accord du verbe à la latine, avec le sujet le plus rapproché) ;
— soit complément d'objet indirect anticipé de « souvienne », repris par « en ».

Suivant qu'on lit les vers : 1 *et* 2, puis 3, ou bien 1, puis 2 *et* 3, le sens est savoureusement différent. L'équivoque, ici, est source de poésie.

Le jeu des sonorités

La musique du poème est due également à un assemblage de sonorités particulièrement travaillé. Nous avons déjà noté le phénomène d'écho (« L'amour s'en va ») pour la strophe 3. La strophe 1 est, à cet égard, exemplaire, pour le son « ou », repris six fois. Il en va de même avec la strophe 4 : trois reprises du son « as ». La deuxième strophe alterne les reprises des sonorités « a » et « on » :

>Les mains dans les mains rest<u>on</u>s f<u>a</u>ce à f<u>a</u>ce
>Tandis que sous
>Le p<u>on</u>t de nos bras passe
>Des éternels regards l'<u>on</u>de si l<u>a</u>sse

Dans la strophe 3, l'eau courante est suggérée, à six reprises, par la répétition, de la consonne liquide « l ».

La disposition des rimes féminines identiques dans trois vers de chaque strophe est aussi très harmonieuse. Deux strophes présentent, de plus, des rimes internes : la troisième (« s'en va » deux fois), et la quatrième (« jours » et « amours »). Notons, pour finir, l'admirable astuce de l'inversion des sonorités avant les rimes des vers 15 et 16 :

>Comme la <u>vie est</u> lente
>Et comme l'Espérance <u>est v</u>iolente

Cette disposition est mise en valeur par la diérèse (dissociation des deux éléments de la diphtongue « io » en « i-o »), obligatoire pour obtenir un décasyllabe.

CONCLUSION

Ce poème se situe dans la tradition élégiaque romantique. On trouve la même thématique du souvenir amoureux, rendu mélancolique par le temps passé, dans « Tristesse d'Olympio » de Hugo, « Le Lac » de Lamartine et « Souvenir » de Musset.

Mais l'écriture poétique moderne (l'absence de ponctuation, les ambiguïtés, par exemple) rend le texte original et unique. Enfin, le fait que Marie ne soit pas nommée, et la profonde humanité de la plainte lyrique, assurent au poème une portée universelle.

4 La Chanson du Mal-Aimé[1]

(Strophes 1 à 5)

Un soir de demi-brume à Londres
Un voyou qui ressemblait à
Mon amour vint à ma rencontre
Et le regard qu'il me jeta
5 *Me fit baisser les yeux de honte*

Je suivis ce mauvais garçon
Qui sifflotait mains dans les poches
Nous semblions entre les maisons
Onde ouverte de la mer Rouge
10 *Lui les Hébreux moi Pharaon*

Que tombent ces vagues de briques
Si tu ne fus pas bien aimée
Je suis le souverain d'Égypte
Sa sœur-épouse son armée
15 *Si tu n'es pas l'amour unique*

Au tournant d'une rue brûlant
De tous les feux de ses façades
Plaies du brouillard sanguinolent
Où se lamentaient les façades
20 *Une femme lui ressemblant*

---

1. Nous respectons ici la typographie en caractères italiques utilisée dans la « Bibliothèque de la Pléiade » (Gallimard) et dans la petite collection « Poésie » (Gallimard).

> *C'était son regard d'inhumaine*
> *La cicatrice à son cou nu*
> *Sortit saoule d'une taverne*
> *Au moment où je reconnus*
> 25 *La fausseté de l'amour même*
> *[...]*

LECTURE MÉTHODIQUE

■ INTRODUCTION

En 1901, Guillaume Apollinaire est engagé comme précepteur d'une jeune fille de la noblesse allemande, vivant en Rhénanie. Là, il tombe amoureux d'Annie Playden, la gouvernante anglaise. Celle-ci répond d'abord à son amour, mais elle prend peur ensuite devant la violence de la passion du jeune homme ; elle reprend donc sa parole et rentre dans son pays. Pourtant, à deux reprises, Guillaume la poursuit jusqu'à Londres, en novembre 1903, puis en mai 1904. Ces voyages seront vains.

Le titre de « La Chanson du Mal-Aimé » présente d'emblée un néologisme, le « *Mal*-Aimé », mot créé par l'auteur sur le modèle de « bien-aimé » et s'opposant à lui. Le « Mal-Aimé » est le seul nom donné ici au protagoniste.

Le poème commence par un récit à la première personne, utilisant le passé simple et l'imparfait. Un soir, dans le brouillard, à Londres, le Mal-Aimé croit voir venir à sa rencontre la femme qu'il aime. Mais il rectifie son erreur : il ne s'agit que d'un voyou qui lui lance un regard méprisant et s'en va. Pourtant, le Mal-Aimé se lance en vain à sa poursuite, tout en affirmant la persistance de l'amour qu'il éprouve pour cette femme (monologue intérieur de la strophe 3). Il fait alors une deuxième rencontre, celle d'une femme saoule au regard dur. Elle ressemble à celle qu'il aime, mais on dirait aussi une prostituée. Il prend alors conscience de « La fausseté de l'amour » (v. 25), sentiment qui promet ce qu'il ne peut tenir.

Nous étudierons successivement :
— la présentation des personnages ;

— le ton et le décor, qui suggèrent d'abord un univers de rêve puis un monde de cauchemar ;
— l'expression du lyrisme, qui mêle la tradition et l'invention.

1. PRÉSENTATION DES PERSONNAGES

Les deux protagonistes et les deux personnages rencontrés

Comme dans toute histoire d'amour, il y a ici deux personnages principaux. L'homme est celui qui dit « je ». Il n'a de nom que dans le titre (le « Mal-Aimé »). C'est lui qui raconte l'histoire et qui l'a vécue dans un passé indéterminé, « Un soir [...] à Londres » (v. 1). La femme, qui fut « bien aimée » (v. 12), n'est pas davantage nommée. Elle apparaît d'abord comme « tu » dans le discours du Mal-Aimé (monologue intérieur de la strophe 3 qui, en fait, s'adresse à elle). Elle est ensuite désignée par le pronom de la troisième personne, « lui », dans la reprise du récit (« Une femme *lui* ressemblant », v. 20). Son identité ne peut faire de doute puisqu'elle est « l'amour unique » (v. 15). Mais elle n'apparaît pas directement dans l'épisode raconté.

En revanche, les deux personnages rencontrés, le voyou et la femme saoule, l'évoquent par la ressemblance explicite :

> Un voyou qui ressemblait à
> Mon amour... (v. 2-3).
> Une femme lui ressemblant (v. 20).

Cette ressemblance est particulièrement forte lors de la première rencontre. En effet, le vers 3 :

> Mon amour vint à ma rencontre

peut se lire de manière autonome, sans tenir compte du lien syntaxique qu'il a avec le vers précédent.

On note le caractère déplaisant des deux personnages rencontrés. Le voyou, la femme saoule appartiennent, par tradition, à la grande ville corrompue dans les romans du xixe siècle (ceux de Balzac, ceux de Zola). Par ailleurs, leur attitude ou leur apparence témoignent de leur mépris ou de leur corruption : le regard du mauvais garçon contraint le Mal-Aimé à « baisser les yeux de honte » (v. 5). Quant à la femme au « regard d'inhumaine », une « cicatrice » abîme « son cou nu » ; et, telle une prostituée, elle « sort[...] saoule d'une taverne » (v. 21-23).

Les réactions du Mal-Aimé

Pourtant, le Mal-Aimé, bien que frappé de honte, se lance obstinément à la poursuite du mauvais garçon, comme sous l'effet d'un envoûtement magique. Et, simultanément, il affirme sa fidélité à la femme que lui rappelle ce voyou : « tu [...] fus [...] bien aimée » (v. 12), « tu [...] es [...] l'amour unique » (v. 15). On voit ainsi à l'œuvre une conception relativement originale du sentiment amoureux. C'est un assujettissement (le Mal-Aimé ne peut s'empêcher de suivre le voyou) en dépit de l'humiliation éprouvée (la honte).

Néanmoins, la deuxième rencontre provoque chez le jeune homme un changement radical : il rejette l'amour. Pourquoi cela ? C'est que, d'abord, la ressemblance de la femme saoule avec la femme aimée est très nette : même sexe (« Une femme », v. 20), même « regard », même « cicatrice » (v. 21-22). Ensuite, la déchéance est totale : cette femme est méprisable (« saoule », « taverne », v. 23), son égoïsme est manifeste (« regard d'inhumaine », v. 21), et sa beauté est dégradée (« cicatrice », v. 22). Elle n'est donc pas digne de l'amour qu'il éprouve pour elle. Et, par généralisation, il condamne pour son caractère trompeur, sa « fausseté » (v. 25), le sentiment même de l'amour.

Ressemblance physique et fausseté morale

On retrouve ici, d'une certaine manière, une tradition héritée de Platon[1] et transmise par certains poètes du Moyen Âge et du XVIe siècle : la croyance que la beauté du visage et celle du corps ne sont que le reflet de la beauté de l'âme. Ici, à l'inverse, ce sont la dégradation physique (« cicatrice », « saoule », v. 22-23) et la dureté du regard qui révèlent la

---

1. Philosophe grec du Ve siècle avant Jésus-Christ.

corruption de l'âme, la fausseté de celle qui fut « bien aimée » (v. 12). Car, en retour, elle aima *mal*, puisqu'elle cessa d'aimer sans raison.

On voit donc la richesse, psychologique et poétique, du recours aux personnages de rencontre. Ceux-ci sont aperçus par hasard, et regardés pour leur ressemblance physique avec la femme aimée ; ils servent en fait de révélateurs des sentiments, encore inconscients, du Mal-Aimé : la honte de continuer à aimer une femme qui ne l'aime plus, l'inutilité de cet amour sans espoir (qu'exprime la poursuite vaine de la strophe 2), et enfin le rejet de l'amour qui ne tient pas ses promesses.

2. LE TON ET LE DÉCOR : DU RÊVE AU CAUCHEMAR

De la première rencontre (celle du voyou) à la deuxième (celle de la femme saoule), le ton change et le décor se modifie. Certes, la réalité temporelle (le soir), locale (les rues de Londres), météorologique (le brouillard) demeure la même. Pourtant, le poème évolue d'un registre onirique (= de rêve) à un registre presque surréaliste qui avoisine le cauchemar.

L'univers poétique de l'apparition : la première rencontre (strophes 1 et 2)

Le ton poétique est donné dès le premier vers avec la « demi-brume ». L'adjectif quantitatif « demi » oriente cette expression vers l'imprécision, puisque la brume n'est pas mesurable. Il est renforcé par l'ambiguïté du vers 3 :

> Mon amour vint à ma rencontre

Nous avons vu, p. 31, que ce vers peut constituer à lui seul une phrase correcte. Enfin, l'image de la strophe 2 entraîne personnages et lecteur hors du temps et de l'espace :

> Nous semblions entre les maisons
> Onde ouverte de la mer Rouge
> Lui les Hébreux moi Pharaon (v. 8-10).

L'épisode renvoie à l'Ancien Testament qui relate l'exode des Hébreux hors d'Égypte, talonnés par le Pharaon, souverain de ce pays. Pour protéger le peuple élu (les Hébreux), Dieu fendit la mer Rouge « et les enfants d'Israël s'engagèrent dans le lit asséché de la mer, avec une muraille d'eau à leur droite et à leur gauche » (Exode, 15-19).

Se comparer à Pharaon poursuivant les Hébreux revient, pour le Mal-Aimé, à exprimer l'acharnement de sa poursuite et son caractère dérisoire : car les Hébreux, avec l'appui de Dieu, échappèrent au souverain d'Égypte. Mais la similitude existe aussi au niveau du décor : les murs verticaux des maisons évoquent les murailles d'eau de la Bible, tandis que leur couleur (la brique rouge) appelle le nom de la mer Rouge. Pourtant, le rappel de l'histoire biblique, qui commence au niveau rationnel comme une comparaison entre les personnages (« Nous semblions », v. 8), se transforme, comme dans un rêve, en une véritable métaphore : les maisons *sont* l'« Onde ouverte » (v. 9). Ainsi, Apollinaire recule-t-il les limites du temps (jusqu'aux jours très anciens de la Bible) et celles de l'espace (jusqu'au Proche-Orient), tout en métamorphosant la matière, à la fois liquide et solide : « ces vagues de briques » (v. 11).

L'univers irréel des affirmations : le monologue intérieur (strophe 3)

Dans la strophe 3 de monologue intérieur, le Mal-Aimé affirme son amour et sa fidélité (comme nous l'avons vu, p. 32) : « tu [...] fus [...] bien aimée » (v. 12) et « tu [...] es [...] l'amour unique » (v. 15). Mais pour donner plus de force à ses paroles, il a recours, comme dans les jeux d'enfants, à des affirmations impossibles et données comme telles :

> Que tombent [...]
> Si tu ne fus pas [...]
> Je suis [...]
> Si tu n'es pas [...] (v. 11-15).

Or ces affirmations impossibles reprennent, et développent dans l'hyperbole (l'exagération), les termes de la comparaison précédente : « Je suis le souverain d'Égypte » (v. 13) (impossibilité d'époque et de rang social), « Sa sœur-épouse[1] »

---
1. Dans l'ancienne Égypte, la coutume voulait souvent que le souverain épousât sa sœur.

(v. 14) (impossibilité de sexe), « son armée » (v. 14) (impossibilité de nombre). De même, il apparaît impossible que tombent « ces vagues de briques » (v. 11), que l'on y voie les maisons londoniennes ou les murailles d'eau bibliques.

En revanche, l'alliance de mots[1] « ces vagues de briques » reprend la métaphore de la strophe précédente et, comme elle, appartient au registre onirique.

L'univers présurréaliste des personnifications : la deuxième rencontre (strophes 4 et 5)

Quand le récit reprend à la strophe 4, le décor reste le même, mais le ton change. On retrouve les « façades » (v. 17 et 19) de brique qu'illuminent maintenant les « feux » (v. 17) des becs de gaz diffusant une lumière rougeâtre dans le « brouillard » (v. 18).

Mais le poète pose une équivalence (un rapport métaphorique) entre les « feux » (v. 17) des façades et les « Plaies » (v. 18) du brouillard, également rouges. Ce faisant, il personnifie la rue qui « brûl[e] » (v. 16) (de brûlures), le brouillard « sanguinolent » (v. 18) (à cause de ses « plaies ») et les façades qui « se lament[ent] » (v. 19) (à cause des brûlures).

Animés (personnifiés), les éléments du décor participent de la déchéance de la femme saoule dont ils préparent l'apparition. Ils participent aussi de la douleur du Mal-Aimé qui leur prête des sentiments qu'il n'exprime pas lui-même. À cet égard, l'hallucination fonctionne comme un mauvais rêve ; elle prépare à la prise de conscience sur laquelle s'achèvent ces strophes : celle de « La fausseté de l'amour » (v. 25).

3. L'EXPRESSION DU LYRISME : TRADITION ET INVENTION

Qui dit lyrisme dit musique (venant de « lyre ») : ce poème s'intitule « Chanson ». Qui dit lyrisme dit aussi l'expression des sentiments personnels : « La Chanson » est un poème

---

1. L'alliance de mots juxtapose des mots de sens éloigné ou contradictoire. Corneille écrit par exemple : « Cette obscure clarté ».

d'amour. Pourtant, Apollinaire y renouvelle sensiblement la tradition dont il se réclame, au triple plan du vers, des thèmes et des images, et enfin de la structure.

Le vers

Le poème est écrit en vers réguliers, de huit syllabes. L'octosyllabe est le plus ancien vers français (attesté dès la fin du Xe siècle et employé, sur le mode lyrique, par Villon, Corneille, Verlaine).

Ici, il donne une fluidité particulière à la phrase qui tient généralement toute la strophe, et parfois deux (str. 4 et 5). Cette fluidité est renforcée par l'absence de ponctuation[1] qui accélère la lecture et favorise l'ambiguïté : nous avons vu (p. 31 et 33) comment, dans la strophe 1, elle se combine au rejet pour produire un effet de sens nouveau et reproduire la méprise (« Mon amour vint à ma rencontre », v. 3). Enfin, le poète, qui respecte très rigoureusement le compte des syllabes, fait preuve d'une grande liberté avec la rime. Il lui préfère souvent un système approximatif d'assonances (répétition de voyelles) et d'allitérations (répétition de consonnes) : *-ondres* / *-ontre* / *-onte* (v. 1, 3 et 5), *-aine* / *-erne* / *-ême* (v. 21, 23 et 25). Celles-ci jouent simultanément sur le double registre de la ressemblance et de la dissemblance, créant un effet musical subtil.

Images et thème

Si « La Chanson du Mal-Aimé » est un poème sur l'amour, la manière dont ce sentiment est traité est très neuve. Au tout début du XXe siècle, la puissance dégradante de l'amour est un thème littéraire inhabituel ; les figures de prostituées et de mauvais garçons sont des personnages nouveaux dans la poésie lyrique. Tout aussi surprenant est leur rôle d'intermédiaires entre la femme aimée et le héros-narrateur : ils facilitent la prise de conscience, par ce dernier, d'un sentiment encore inconscient (la condamnation de l'amour).

---

[1]. Rappelons qu'Apollinaire a supprimé la ponctuation sur le texte déjà imprimé du recueil, quand il en a changé le titre d'*Eau-de-Vie* en *Alcools* et quand il y a rajouté « Zone ».

De même, la projection, sur les éléments du décor urbain, des sentiments qui se font lentement jour à la conscience du Mal-Aimé, est novatrice, le décor servant de révélateur (au sens photographique du terme) aux émotions latentes du personnage.

Structure : la juxtaposition

La juxtaposition des tons, des points de vue, des sentiments est un élément de modernité incontestable du poème ; c'est aussi un élément fondamental de la personnalité du Mal-Aimé. Car ce dernier passe abruptement de l'affirmation de l'amour à sa condamnation. « La Chanson » juxtapose le monologue intérieur au récit, puis le récit au monologue intérieur ; la femme aimée est tantôt « toi » (str. 3) et tantôt « lui » (str. 4) ; l'Égypte de Pharaon appartient tantôt à la réalité présente (Londres, dont elle est la métaphore), tantôt à l'univers irréel des affirmations impossibles (voir p. 34-35). En ce sens, la juxtaposition s'apparente à l'esthétique cubiste qui est en train de renouveler la vision des peintres (et dont Apollinaire va se faire le défenseur). Mais, coïncidant avec l'évolution psychique du Mal-Aimé, elle ne paraît jamais gratuite, puisqu'elle procède d'une nécessité interne au personnage.

■■■■■ CONCLUSION

Dans « La Chanson du Mal-Aimé », qui est peut-être le poème le plus mélodieux d'*Alcools*, Apollinaire réconcilie la *tradition* et l'*invention*. Ces cinq strophes, qui en constituent l'ouverture, y jouent un rôle important ; en effet, l'épisode qu'elles présentent est le point de départ d'une longue réminiscence et d'une crise violente où la fin de l'amour prend les dimensions d'une fin du monde.

Mais elles sont intéressantes à un autre point de vue : elles mettent complètement en œuvre ce mode de fonctionnement particulier, par contradictions et par juxtapositions, qui est si caractéristique du poème. En ce sens, on peut parler de leur valeur emblématique.

5. La Chanson du Mal-Aimé

(Strophes 55 à 59)

[...]
Juin ton soleil ardente lyre
Brûle mes doigts endoloris
Triste et mélodieux délire
J'erre à travers mon beau Paris
5 *Sans avoir le cœur d'y mourir*

Les dimanches s'y éternisent
Et les orgues de Barbarie
Y sanglotent dans les cours grises
Les fleurs aux balcons de Paris
10 *Penchent comme la tour de Pise*

Soirs de Paris ivres du gin
Flambant de l'électricité
Les tramways feux verts sur l'échine
Musiquent au long des portées
15 *De rails leur folie de machines*

Les cafés gonflés de fumée
Crient tout l'amour de leurs tziganes
De tous leurs siphons enrhumés
De leurs garçons vêtus d'un pagne
20 *Vers toi toi que j'ai tant aimée*

Moi qui sais des lais pour les reines
Les complaintes de mes années
Des hymnes d'esclave aux murènes
La romance du mal aimé
25 *Et des chansons pour les sirènes*

EXPLICATION DE TEXTE

■■■■ INTRODUCTION

Les cinq dernières strophes de « La Chanson du Mal-Aimé » constituent un ensemble s'opposant, par ses thèmes, au reste du poème. En effet, ce poème a montré le cheminement douloureux d'un jeune homme : celui-ci n'a pu, malgré ses efforts, cesser d'aimer la jeune femme qui, après avoir paru répondre à son amour, l'a repoussé.

Le Mal-Aimé a frôlé la folie, il a envisagé la mort. Soudain, et sans explications, sa crise psychologique et morale se trouve résolue : il est en mesure de voir la ville (Paris) qui l'entoure et qui l'aime ; et simultanément, il retrouve ses pouvoirs créateurs et sa nature profonde de poète.

■■■■ 1. IDÉE GÉNÉRALE ET MOUVEMENT DU TEXTE

Dans ces strophes écrites au présent, le Mal-Aimé exprime ses émotions et montre ses visions. Il reconnaît d'abord sa tristesse (qui est un apaisement par rapport au désespoir du reste du poème), et il la projette sur le « beau Paris » où il erre (v. 1-10). Puis il évoque la vie nocturne de la grande ville en insistant sur les lumières et sur les bruits (v. 11-20). Ceux-ci s'organisent en une vaste composition musicale que rejoint, à la dernière strophe, le Mal-Aimé : car il s'y reconnaît poète, énumérant dans leur diversité les différents chants qu'il sait écrire.

■■■■ 2. ÉTUDE SUIVIE

● Étude de la strophe 55

Cette strophe permet de situer le dernier épisode du poème et dans le temps (« Juin », v. 1) et dans l'espace (« Paris », v. 4).

Dès l'image des deux premiers vers : « Juin ton soleil ardente lyre / Brûle mes doigts endoloris », la strophe se déroule sur deux plans. Il y a le plan simple de la réalité physique : les rues au mois de juin où le soleil ardent « brûle [l]es doigts ». Il y a aussi le plan complexe de la métaphore[1] que nous allons expliquer.

Dans la mythologie gréco-latine, le dieu Apollon est le dieu de la musique et de la poésie, symbolisées par la lyre. Par ailleurs, sous le nom de Phébus, il est aussi le dieu de la lumière et le conducteur du char du soleil. Apollinaire (dont le nom dérive de celui du dieu antique) associe ici ses deux emblèmes, le soleil et la lyre, sans mentionner son nom. Dans les vers suivants, il se réfère tantôt au champ lexical du soleil, tantôt à celui de la lyre, tantôt aux deux à la fois.

Le soleil explique donc « brûle » (« Brûle mes doigts endoloris », v. 2) ; la lyre explique les « doigts » ; « endoloris » renvoie à l'un et à l'autre. Ainsi apparaît la figure d'un Mal-Aimé joueur de lyre, donc poète ; c'est ce que confirme l'exclamation « mélodieux délire » du vers 3 où « délire » renvoie à l'état d'inspiration de celui qui crée.

D'autre part, les « doigts endoloris » évoquent par association d'idées le cœur endolori du jeune homme dont l'immense désespoir amoureux a été chanté dans les cinquante-quatre strophes précédentes.

Ainsi s'explique « triste » qui qualifie « délire » (v. 3) : « Triste et mélodieux délire ». La crise psychologique et morale s'est résolue d'elle-même, la tentation du suicide n'aboutit pas, comme le confirme le vers 5 : « Sans avoir le cœur d'y mourir ». Ici, « cœur » est synonyme de « courage », mais ce mot a aussi une résonance amoureuse[2].

• Étude de la strophe 56

La strophe 56 développe les images de l'errance et de la tristesse évoquées dans la strophe précédente. On remarque que le Mal-Aimé ne semble rencontrer aucun être humain dans la ville (à l'inverse de sa démarche ultérieure dans « Zone » ; voir p. 6 et 16), ce qui est une façon d'exprimer sa solitude.

---

1. Une métaphore est une comparaison où le mot « comme » ne figure pas : « Vous *êtes* un beau ciel d'automne » (Baudelaire).
2. Aux deux tiers du poème, quand la douleur est la plus vive, Apollinaire a recours à l'image du cœur percé de sept épées (str. 41).

En revanche, il s'attarde sur la longueur des dimanches : « Les dimanches s'y éternisent » (v. 6), où l'hyperbole[1] traduit son ennui ; et il ne décrit que des choses inanimées (« orgues de Barbarie », « fleurs aux balcons », v. 7 et 9), auxquelles il prête parfois des sentiments humains : les orgues de Barbarie « sanglotent dans les cours grises » (v. 8) comme s'ils prenaient à leur compte la peine du jeune homme. Dans un registre voisin, les fleurs « Penchent » (v. 10), comme saturées de soleil et prêtes à mourir.

Pourtant, la strophe s'achève sur une comparaison insolite : « Penchent comme la tour de Pise » (v. 10), dont l'humour équilibre la tristesse des vers précédents. Tout se passe comme si le jeune homme avait à présent maîtrisé sa peine et pouvait dès lors renoncer à sa tristesse : les deux strophes suivantes célèbrent la lumière, la musique, la vie.

• Étude de la strophe 57

Si les strophes précédentes évoquaient les journées, les strophes 57 et 58 sont consacrées aux « Soirs de Paris » :

> Soirs de Paris ivres du gin
> Flambant de l'électricité (v. 11-12).

Ces derniers sont d'emblée personnifiés par le groupe épithète : « ivres du gin / Flambant ». De plus, cette personnification s'accompagne d'une métaphore[2] qui assimile à un alcool (le gin) l'électricité qui illumine la ville. On comprend alors les deux registres de l'épithète « Flambant » : *brûlant* comme le gin dans la gorge, *flamboyant* comme l'électricité dans les rues et les cafés.

Les trois derniers vers témoignent aussi d'une écriture complexe. Au niveau de la réalité physique, ils évoquent le déplacement, saccadé et sonore sur les « rails » (v. 15), des « tramways » (v. 13) munis, à l'époque, tels les bateaux d'aujourd'hui, de « feux » de route « verts » (v. 13).

Mais Apollinaire superpose plusieurs niveaux distincts de métaphore. D'une part, il assimile ces tramways à des animaux portant le long des flancs (« sur l'échine », v. 13) ces « feux » de route « verts ». D'autre part, il tire de l'oubli

---

1. L'hyperbole est une exagération à valeur expressive : par exemple, « mourir de rire ».
2. Voir note 1, p. 40. Sur le rôle de l'alcool, voir p. 20.

le verbe « musiquer[1] » et, s'appuyant sur l'analogie de forme qui unit les rails et les portées sur lesquelles on écrit la musique (cinq lignes horizontales parallèles), il transforme ces mêmes tramways en notes qui : « Musiquent au long des portées / De rails [...] » (v. 14-15).

Enfin, et avant de revenir à la réalité (ces tramways sont des « machines », v. 15), il leur prête un attribut humain, la « folie » (v. 15) — peut-être en raison de leurs secousses et de leur bruit déplaisant.

Ainsi, Apollinaire peut-il dégager, à leur propos, le thème fondamental de la création lyrique : « Les tramways [...] / Musiquent [...] / [...] leur folie [...] » (v. 13-15), qui fait écho au « mélodieux délire » de la strophe 55.

• Étude de la strophe 58

La strophe 58 est consacrée aux bruits divers que l'on entend dans « Les cafés gonflés de fumée » (v. 16). Il y a les violons des « tziganes » (v. 17) jouant des chansons d'amour. Il y a le bruit sourd des « siphons » (v. 18) d'eau gazeuse que personnifie (pour l'analogie de sons) l'épithète « enrhumés » (v. 18). Il y a enfin les cris des « garçons » (v. 19) de café passant leurs commandes, dont seul ressort, sur fond de pantalon noir, le grand tablier blanc qui leur ceint les reins, tel un « pagne » (v. 19) exotique sur la peau noire[2].

L'ensemble de ces bruits qui se mêlent devient un cri indifférencié d'amour — de même qu'à la strophe 57, le bruit des tramways brinquebalants devient de la musique. Ce cri d'amour (éprouvé par les « tziganes », les « siphons », les « garçons ») est en fait lancé par les « cafés » (v. 16) (lieux où se mêlent ces bruits divers) qui se trouvent ainsi personnifiés :

> Les cafés gonflés de fumée
> Crient tout l'amour de leurs tziganes
> [...]
> Vers toi toi que j'ai tant aimée (v. 16-20).

Point n'est besoin de nommer la jeune femme vers qui s'envole ce cri, puisqu'il a été dit au début du poème qu'elle est l'amour unique (strophe 3, voir p. 31, 32).

---

1. Attesté entre le XVIe et le XVIIIe siècle.
2. On se rappelle l'intérêt d'Apollinaire (et de son ami Picasso) pour l'art africain.

Le dernier vers exprime l'intensité de l'amour du jeune homme, par la répétition du pronom personnel et l'emploi de l'adverbe intensif « tant » : « toi que j'ai tant aimée ». Mais l'emploi du passé composé indique le caractère révolu de cet amour. Et c'est bien parce que l'amour appartient au passé et qu'il a donc perdu son pouvoir torturant, que le Mal-Aimé est à même de retrouver, à la strophe suivante, sa nature et ses dons de poète.

• Étude de la strophe 59

La strophe 59 est grammaticalement reliée à celle qui la précède, par l'apposition du pronom « moi » (« *Moi* qui sais », v. 21) au pronom « je » (« toi que *j'*ai tant aimée », v. 20).

Elle consiste en une énumération — celle des formes particulières de poèmes et de chansons qui constituent le savoir propre du Mal-Aimé. Les « lais » (v. 21) sont des poèmes lyriques du Moyen Âge, écrits comme « La chanson du Mal-Aimé » en vers de huit syllabes (octosyllabes). Les « complaintes » (v. 22) sont des chansons populaires plaintives. Les « hymnes » (v. 23) sont des prières chantées. Le vers 23, « Des hymnes d'esclave aux murènes », se réfère au châtiment institué par le Romain Vedius Pollion (sous le règne de l'empereur Auguste) ; celui-ci faisait jeter les esclaves qu'il souhaitait punir dans des bassins pleins de poissons carnassiers, les « murènes ». La « romance » (v. 24) est un chant d'amour. Quant aux « chansons pour les sirènes » (v. 25), on sait que, selon les Grecs et les Romains, ces dernières, figures mythologiques, attiraient par leurs chants irrésistibles les marins, afin de les faire périr.

On remarque ainsi la persistance de l'élément musical mais aussi la présence de thèmes amoureux (« lais », « romance »), de la plainte (« complaintes »), de la prière (« hymnes »), et d'un principe à la fois fatal et magique (« chansons pour les sirènes ») — toutes manifestations de lyrisme[1].

Si on s'attache à la structure de la strophe, on trouve en position identique, à la rime des vers 21, 23 et 25, des figures

---

1. Étymologiquement, le lyrisme est la qualité de la poésie destinée à être dite ou chantée avec un accompagnement de lyre (instrument à cordes pincées). De nos jours, le terme lyrisme désigne souvent l'expression des sentiments personnels.

de genre féminin : « reines », « murènes », « sirènes », dont les deux dernières signifient la mort pour qui les approche. Les vers 22 et 24 sont consacrés au Mal-Aimé : « de *mes* années » (v. 22), « du mal aimé » (v. 24). On note le jeu sonore sur les *é* fermés[1] [e] qui fait écho à ceux du vers 21 : « Moi qui s*ais* d*es* l*ais* »[2]. Le vers 24 : « La romance du mal aimé », apparaît comme un écho varié du titre du poème.

On voit donc comment cette strophe, consacrée aux dons du poète lyrique, joue sur tous les registres — structures, images, sonorités — pour suggérer le mystère de la création poétique.

■■■■■ CONCLUSION

Les cinq dernières strophes de « La Chanson du Mal-Aimé » présentent à la fois l'exemple d'un lyrisme traditionnel et l'ébauche d'une manière poétique neuve. Apollinaire, en effet, y chante la tristesse d'un amour passé et y glorifie la création poétique. Mais simultanément, il intègre au domaine lyrique des figures de la vie urbaine et moderne, préfigurant la démarche qu'il développera ultérieurement dans « Zone »[3].

Ces strophes constituent aussi une réponse aux cinq premières strophes du poème (voir p. 29-37). Comme celles-ci, elles ont pour cadre une grande ville ; comme elles aussi, elles évoquent l'atmosphère particulière des soirs, faisant participer la ville aux émotions du Mal-Aimé. Mais elles en diffèrent par leurs thèmes : là où le début du poème montre l'humiliation qui découle de l'amour non partagé, sa fin célèbre le triomphe de la création lyrique lorsque la passion s'est consumée pour laisser place au souvenir de l'amour[4].

---

1. On appelle *é* fermé [e] celui que l'on trouve dans a*i*m*é*, ann*é*es, par opposition au *è* ouvert [ɛ] de mur*è*nes, sir*è*nes.
2. Comparer : « *de mes années* » (v. 22) / « *du mal aimé* » (v. 24). Voir aussi p. 45, Plan pour un commentaire composé.
3. Voir p. 6-7.
4. Pour une approche d'ensemble de « La Chanson du Mal-Aimé » et pour le rôle de refrain qu'y joue la strophe 59, on consultera dans le « Profil » n° 25, Apollinaire, *Alcools*, les pages 10 à 14.

Plan pour un commentaire composé

1. L'ERRANCE DU MAL-AIMÉ DANS PARIS

1. Les raisons de l'errance : le désespoir amoureux (voir Étude suivie de la strophe 55, p. 39-40).
2. L'errance diurne (= de jour) : sous le signe de la tristesse (« Triste », v. 3 ; « sanglotent », v. 8), de l'ennui (« s'y éternisent », v. 6), de la solitude (voir Étude suivie de la strophe 56, p. 40-41).
3. L'errance nocturne : sous le signe de la lumière (v. 12), de la musique (v. 14), des cris d'amour (v. 17) (voir Étude suivie des strophes 57 et 58, p. 41-43).

2. LE DÉLIRE POÉTIQUE

1. Dès le premier vers du fragment, la métaphore « ton soleil ardente lyre » connote (= suggère) un thème de création poétique (voir Étude suivie de la strophe 55, p. 39-40, et la note 1 de la p. 43).
2. Le Mal-Aimé anime différents éléments du paysage et projette sur eux des sentiments et des activités humaines : les orgues de Barbarie « sanglotent » (v. 8), les soirs sont « ivres » (v. 11) et les tramways « Musiquent [...] / [...] leur folie » (v. 14-15), les cafés « Crient tout l'amour de leurs tziganes » (v. 17) (voir les explications des strophes correspondantes, p. 41-43).
3. Complexité des métaphores qui se déroulent sur plusieurs plans simultanément : celle des deux premiers vers de la strophe 55 (voir p. 39-40) ; celle des trois derniers vers de la strophe 57 (voir p. 41-42).

3. LE MAL-AIMÉ COMME POÈTE LYRIQUE

1. Dès qu'il n'est plus torturé par l'amour (« toi que j'*ai* tant *aimée* » (v. 20) (voir Explication suivie de la strophe 58, p. 42-43), le Mal-Aimé peut retrouver sa nature et ses dons de poète : « Moi qui sais » (v. 21).
2. Le Mal-Aimé est un poète lyrique, c'est-à-dire musicien, et il chante l'amour, les plaintes, les prières, le caractère fatal et magique de certains chants (voir Étude suivie de la strophe 59, p. 43-44).
3. La musicalité : dans la strophe 59, le jeu des *é* fermés [e] (le « mal aimé », v. 24), des *è* ouverts [ɛ] (« reines », « murènes », « sirènes », v. 21, 23 et 25), des voyelles et des consonnes nasales, des consonnes sifflantes [s] (voir p. 44).

6 Marie

Vous y dansiez petite fille
Y danserez-vous mère-grand
C'est la maclotte qui sautille
Toutes les cloches sonneront
Quand donc reviendrez-vous Marie

Les masques sont silencieux
Et la musique est si lointaine
Qu'elle semble venir des cieux
Oui je veux vous aimer mais vous aimer à peine
Et mon mal est délicieux

Les brebis s'en vont dans la neige
Flocons de laine et ceux d'argent
Des soldats passent et que n'ai-je
Un cœur à moi ce cœur changeant
Changeant et puis encor que sais-je

Sais-je où s'en iront tes cheveux
Crépus comme mer qui moutonne
Sais-je où s'en iront tes cheveux
Et tes mains feuilles de l'automne
Que jonchent aussi nos aveux

Je passais au bord de la Seine
Un livre ancien sous le bras
Le fleuve est pareil à ma peine
Il s'écoule et ne tarit pas
Quand donc finira la semaine

LECTURE MÉTHODIQUE

■ INTRODUCTION

Comme « Zone » et comme « Le Pont Mirabeau », « Marie » (écrit en 1912) est un poème de fin d'amour, inspiré par la rupture d'Apollinaire avec la jeune peintre Marie Laurencin[1]. Mais le poète y mêle aussi, dans les deux premières strophes, des réminiscences d'un amour de jeunesse éprouvé pour une autre Marie, à Stavelot en Belgique, alors qu'il avait dix-neuf ans.

Nous nous attacherons d'abord à la structure du poème : l'étude de la succession des strophes montre que l'évocation de l'histoire d'amour commence par la rupture ; puis elle remonte jusqu'à sa naissance pour suivre ensuite son évolution jusqu'à sa fin. On a ainsi une composition en boucle refermée qui unit étroitement la fin et le début.

La temporalité constituera le deuxième acte de notre lecture. Nous verrons que tel « Le Pont Mirabeau », mais aussi tel « Mai » (poème rhénan écrit en 1901-1902), « Marie » traite du passage du temps et du passage des sentiments ; nous étudierons également ce qui s'oppose à ce passage, la pérennité (= l'éternité) de la peine.

Enfin, nous examinerons la vision et l'écriture apollinariennes dans leur spécificité : l'interpénétration de l'histoire individuelle et de l'histoire du monde ; le recours aux images ; un grand souci de musicalité.

■ 1. STRUCTURE DU POÈME

Rupture, naissance, évolution, rupture

Dans ce poème, l'évocation de l'histoire d'amour commence par la fin. La première strophe s'achève sur une absence, celle de la femme aimée, Marie (dont le nom donne au poème son titre, mêlant ainsi ses deux inspiratrices). Mais cette absence n'est pas dite, elle n'est que suggérée par

---
1. Voir p. 22.

l'interrogation, abrupte et angoissée du jeune homme : « Quand donc reviendrez-vous Marie » (v. 5).

La deuxième strophe évoque, pour sa part, les débuts de l'amour, lors d'un bal masqué. C'est un amour délibéré (« Oui je veux vous aimer », v. 9) ; il ne s'engage pas à fond (« mais vous aimer à peine », v. 9) ; il se savoure comme une friandise (« Et mon mal est délicieux », v. 10).

La troisième et la quatrième strophe marquent l'incertitude : celle du protagoniste (le jeune homme qui dit « je ») sur ses propres sentiments (« [...] que n'ai-je / Un cœur à moi ce cœur changeant / Changeant », v. 13-15) ; incertitude aussi à l'égard de la jeune femme (« Sais-je où s'en iront tes cheveux / Et tes mains », v. 18-19) ; incertitude enfin quant au devenir des « aveux » (v. 20) d'amour qui, telles les feuilles mortes, « jonchent » (v. 20) l'automne[1].

Enfin, la cinquième strophe exprime la peine du jeune homme : « Le fleuve est pareil à ma peine / Il s'écoule et ne tarit pas » (v. 23-24) et son impatience devant l'absence de la jeune femme : « Quand donc finira la semaine » (v. 25).

Une composition en boucle fermée

Ce poème commence donc par la fin de l'histoire qu'il évoque ; puis il en retrace chronologiquement les étapes, depuis la naissance de l'amour jusqu'à la divergence des sentiments dans le couple : la femme s'en va, l'homme la regrette. Ainsi, l'interrogation qui clôt la première strophe : « Quand donc reviendrez-vous Marie » (v. 5), fait logiquement suite à celle sur laquelle s'achève le poème : « Quand donc finira la semaine » (v. 25).

On est alors en droit de parler de composition en boucle fermée ou circularité : c'est un schéma fréquent de l'écriture apollinarienne, celui par lequel le début d'une œuvre s'articule, logiquement et chronologiquement, à son dénouement[2].

---

1. « Et tes mains feuilles de *l'automne* / *Que* jonchent *aussi* nos aveux » (v. 19-20). *Que*, pronom relatif, a pour antécédent *automne*. *Aussi* renforce le lien entre les *mains* qui sont des *feuilles* et les *aveux* qui *jonchent* l'automne.
2. Voir « Zone », p. 15, « Le Pont Mirabeau », p. 26, et « Nuit rhénane », p. 66.

2. LA TEMPORALITÉ : PASSAGE ET PÉRENNITÉ

Passage du temps, passage des sentiments

Dès ses deux premiers vers :

> Vous y dansiez petite fille
> Y danserez-vous mère-grand

le poème s'inscrit dans le temps, c'est-à-dire dans un mouvement irréversible où tout passe. Apollinaire y évoque deux moments éloignés de la vie de Marie, son passé de « petite fille », son avenir lointain de « mère-grand » (= grand-mère). L'interrogation, dans la reprise du verbe (« Vous y dansiez », « Y danserez-vous »), marque dès le début l'incertitude, donc la fragilité caractérisant les entreprises et les projets humains.

La strophe 2, qui évoque un moment de parfait bonheur, est située, exceptionnellement, hors du temps, ce qui est significatif. Le poète fait revivre sous nos yeux le bal masqué et l'aveu qui appartiennent en fait au passé. L'emploi du présent accentue l'aspect intemporel de la scène, en l'absence de toute image suggérant le passage.

Au contraire, dès la strophe 3, les deux cortèges[1] — « Les brebis s'en vont dans la neige » (v. 11), « Des soldats passent » (v. 13) — évoquent, de manière figurative, le lent cheminement qui altère les sentiments et mène l'être humain vers sa vieillesse.

De même, la double interrogation de la strophe 4 exprime le passage de l'amour et la divergence du chemin des amants :

> Sais-je où s'en iront tes cheveux
> Et tes mains feuilles de l'automne
> Que jonchent aussi nos aveux (v. 18-20).

Ces vers s'inscrivent dans le cycle immuable des saisons, fondé sur le passage. L'automne y est associé implicitement

---

1. À propos des cortèges comme images du passage, voir « Mai », p. 71-72.

à la mort : celle des feuilles, celle des caresses (« mains »), celle des « aveux » et des serments[1].

Pérennité de la peine

En revanche, la dernière strophe qui explicite le passage : « Je passais au bord de la Seine » (v. 21), exprime une idée plus complexe. C'est celle de la pérennité des sentiments, de la peine en particulier qui, paradoxalement, passe et demeure entière : « Le fleuve est pareil à ma peine / Il s'écoule et ne tarit pas » (v. 23-24).

Ce concept apparaît comme une hyperbole (= une exagération expressive) de celui de la permanence que l'on trouve dans « Le Pont Mirabeau » et dans « Mai » (voir p. 24 et 72). Dans un autre poème, Apollinaire, pour exprimer la pérennité de la peine, a recours à l'image des Danaïdes[2] : selon la mythologie gréco-latine, ces jeunes femmes, condamnées à verser de l'eau dans un tonneau sans fond, expient pour l'éternité le meurtre de leurs époux.

Ici, comme à la strophe 4 à propos de l'automne, Apollinaire inscrit le destin de l'amant (sa peine sans fin) dans un ordre universel et naturel (le cours du fleuve intarissable).

3. L'ART D'APOLLINAIRE

L'interpénétration de l'histoire individuelle et de l'histoire du monde

Nous avons vu comment Apollinaire inscrit son histoire d'amour dans le cycle des saisons et rattache son destin d'amant à l'ordre universel de la nature. Inversement, nous allons étudier comment il enrichit l'univers relativement limité

---

1. C'est une association très fréquente chez Apollinaire ; dans « Signe », par exemple : « Mon Automne éternelle ô ma saison mentale / Les mains des amantes d'antan jonchent ton sol. »
2. Dans « La Chanson du Mal-Aimé », il écrit : « Mon cœur et ma tête se vident / Tout le ciel s'écoule par eux / Ô mes tonneaux des Danaïdes » (str. 31).

de la poésie élégiaque[1], en y faisant entrer le monde entier.

Il introduit d'abord la nature dans ce poème. Elle est représentée par les saisons (l'hiver : « la neige », v. 11 ; « l'automne », v. 19) et par les forces naturelles (la « mer », v. 17 ; « Le fleuve », v. 23)[2].

Il y introduit ensuite la culture. C'est d'abord la culture populaire avec « la maclotte » (v. 3) qui est une danse populaire belge, puis avec « Les masques » et « la musique » du bal masqué (v. 6-7), issus de la tradition du carnaval. C'est ensuite une culture plus savante, avec le « livre ancien » du vers 22. Simultanément, « la maclotte » puis « la Seine » (v. 21) connotent (= suggèrent) des lieux de culture : la Belgique, Paris.

Les images

Les images sont une autre façon d'enrichir l'élégie. Considérons d'abord la double métaphore des vers 11-12 :

> Les brebis s'en vont dans la neige
> Flocons de laine et ceux d'argent

Apollinaire y part d'une impression visuelle : celle du blanc (« Les brebis ») sur du blanc (« la neige »). Dès lors, il englobe dans un même syntagme (« Flocons de [...] et ceux d[e] [...] ») la *laine* et la *neige*. L'expression « Flocons de laine » est une métaphore, puisque *Flocons* y fait image, suggérant la ressemblance de la laine à la neige (les brebis sont implicitement comparées à des flocons). En revanche, quand il évoque la neige, Apollinaire emploie le terme approprié « Flocons », relayé par « et ceux » ; c'est la substitution d'« argent » à « neige » qui crée la métaphore, selon une association que l'on retrouve aussi dans « La Chanson du Mal-Aimé »[3].

Aux vers 16-17, la comparaison :

> [...] tes cheveux
> Crépus comme mer qui moutonne

---

1. Voir p. 22 la définition de la poésie élégiaque.
2. Voir aussi, p. 52, à propos des images, ce qui est dit du portrait de Marie.
3. « La neige aux boucliers d'argent » (str. 39). Apollinaire associe volontiers la neige et l'argent à la mort (suggérée dans « Marie » par les « soldats [qui] passent », v. 13).

dérive d'une analogie : les très petites ondulations des cheveux (« crépus ») font penser aux ondulations de la mer se couvrant de vagues écumeuses ou « moutons ». Par ailleurs, le cliché « mer qui moutonne » (= qui se couvre de moutons) se trouve renouvelé[1] par la proximité des « brebis » du vers 11. Celles-ci étaient associées à un thème du passage des sentiments, comme le sont ici les cheveux comparés à la « mer qui moutonne ».

Nous avons expliqué (p. 48, note 1) la métaphore des « mains feuilles de l'automne ». Notons que le portrait de Marie n'est esquissé qu'à travers les références à la nature.

La musicalité

La musicalité apparaît dans le rythme, les allitérations et le débordement de la phrase sur le vers.

Les premiers vers du poème imitent, par exemple, le rythme de « la maclotte qui sautille » (v. 3) selon un schéma qui répartit les accents sur la première, la quatrième, la sixième et la huitième syllabe :

> Toútes les clóches sónneront (v. 4).

Le dernier octosyllabe, porteur de l'interrogation essentielle, paraît au contraire allongé :

> Quand dónc reviendrez-voús Maríe (v. 5)

ce qui traduit l'accablement du jeune homme esseulé.

La deuxième strophe, consacrée à une fête presque onirique (= de rêve), où la musique joue un grand rôle, est marquée par une allitération en [s], [z], [i] (v. 6 à 8) :

> Les masques sont silencieux
> Et la musique est si lointaine
> Qu'elle semble venir des cieux

L'effet de douceur est renforcé par la diérèse[2] à la rime (v. 6 et 10) qui ralentit la diction du vers, et accompagne l'allongement du vers 9 :

---
1. C'est-à-dire que la métaphore, usée, retrouve toute sa valeur.
2. La diérèse fait prononcer comme deux syllabes deux voyelles consécutives *(silenci-eux, délici-eux).*

> Oui je veux vous aimer mais vous aimer à peine

seul alexandrin dans un poème composé d'octosyllabes, et porteur du message d'amour.

Enfin, les strophes 3 et 4, consacrées au passage du temps et des sentiments, et déjà proches par les images, sont marquées par le débordement de la phrase sur le vers et sur la strophe. La phrase déborde d'abord sur le vers :

> [...] et que n'ai-je
> Un cœur à moi ce cœur changeant
> Changeant [...] (v. 13-15),

puis elle déborde sur la strophe :

> [...] et puis encor que sais-je
>
> Sais-je où s'en iront tes cheveux (v. 15-16).

Cette inadéquation de la phrase et du vers assure une grande fluidité à la diction du vers ; elle donne une impression de rapidité, que renforcent les répétitions (« changeant / Changeant », « sais-je // Sais-je »), comme pour suggérer aussi la rapidité des changements dans les sentiments humains.

CONCLUSION

Poème de fin d'amour, « Marie » est une œuvre élégiaque marquée par une tristesse diffuse émanant des thèmes abordés : le passage du temps et l'altération des sentiments humains. Poème de tradition lyrique, il utilise une strophe et un mètre semblables à ceux de « La Chanson du Mal-Aimé » : le quintil (= cinq vers) d'octosyllabes (*octo* = huit). Mais c'est aussi un poème moderne, systématisant la juxtaposition des scènes dans le temps et l'espace. Par ce trait, constitutif de son écriture, le poète Apollinaire se montre proche des peintres cubistes (Picasso, Braque) dont il est devenu l'ami et dont il défend l'esthétique : la juxtaposition d'un très grand nombre de points de vue sur la même personne (chez Picasso, la représentation d'un visage de face et de profil dans un seul portrait).

7 L'Émigrant de Landor Road

(Strophes 1 à 7)

À André Billy.

Le chapeau à la main il entra du pied droit
Chez un tailleur très chic et fournisseur du roi
Ce commerçant venait de couper quelques têtes
4 De mannequins vêtus comme il faut qu'on se vête

La foule en tous les sens remuait en mêlant
Des ombres sans amour qui se traînaient par terre
Et des mains vers le ciel plein de lacs de lumière
8 S'envolaient quelquefois comme des oiseaux blancs

Mon bateau partira demain pour l'Amérique
Et je ne reviendrai jamais
Avec l'argent gagné dans les prairies lyriques
12 Guider mon ombre aveugle en ces rues que j'aimais

Car revenir c'est bon pour un soldat des Indes
Les boursiers ont vendu tous mes crachats d'or fin
Mais habillé de neuf je veux dormir enfin
16 Sous des arbres pleins d'oiseaux muets et de singes

Les mannequins pour lui s'étant déshabillés
Battirent leurs habits puis les lui essayèrent
Le vêtement d'un lord mort sans avoir payé
20 Au rabais l'habilla comme un millionnaire

Au-dehors les années
Regardaient la vitrine
Les mannequins victimes
24 Et passaient enchaînées

> Intercalées dans l'an c'étaient les journées veuves
> Les vendredis sanglants et lents d'enterrements
> De blancs et de tout noirs vaincus des cieux qui pleuvent
> 28 Quand la femme du diable a battu son amant
> [...]

LECTURE MÉTHODIQUE

INTRODUCTION

En 1904, Apollinaire entreprend un second voyage à Londres, pour tenter de renouer avec Annie Playden, qui l'a abandonné deux ans auparavant. Ce second voyage est aussi infructueux que le premier. Effrayée par la passion de Guillaume, Annie abandonne son domicile londonien, Landor Road, pour émigrer en Amérique. « L'Émigrant de Landor Road », publié fin 1905, fait donc partie, bien qu'Annie n'y soit pas nommée, du cycle de poèmes inspirés par la jeune Anglaise. Dans le texte, « l'Émigrant » représente l'amant délaissé, aussi bien sous la forme du « il » que du « je ».

Trois directions de recherche s'offrent à nous pour ce début de « L'Émigrant » : l'évasion lyrique, les images de mort, et enfin le ton humoristique, marqué de dérision.

1. L'ÉVASION LYRIQUE

Le désir d'évasion à la suite d'un amour malheureux, l'envie de partir pour ne plus revenir, d'effacer tout, se manifestent ici dans le thème de l'émigration. Sa tonalité est très différente de celle que l'on peut lire dans « Zone ». On observe ici, dans les strophes 2 et 3, un lyrisme qui se traduit par l'ampleur du rythme des alexandrins à rimes embrassées (str. 2) et croisées (str. 3. Exceptons l'octosyllabe du vers 10). Mais ce sont les images qui soutiennent essentiellement le ton lyrique, l'image des ombres, et celle des mains.

Les ombres

L'évasion lyrique de l'Émigrant se manifeste par deux références à l'image de l'ombre (v. 6 et 12). Dans l'un et l'autre cas, le poète joue sur deux sens possibles du mot « ombre » :
— l'ombre que l'on fait en interposant son corps entre la lumière du soleil et le sol ;
— les ombres des morts, ce qui, pour les Anciens, reste des humains après leur mort, des fantômes inconsistants (comme on dit « le Royaume des Ombres » pour dire l'Au-Delà).

Cette image, avec son double sens, se retrouve très souvent dans *Alcools*, où elle a un caractère presque obsessionnel ; elle est ici au cœur même de l'expression lyrique.

Analysons d'abord celle des vers 5 et 6 :

> La foule en tous les sens remuait en mêlant
> Des ombres sans amour qui se traînaient par terre

Ces ombres, faites par les émigrants sur le quai du départ, sont errantes, indécises (« en tous les sens »), confuses (« en mêlant »), épuisées (« qui se traînaient par terre »). Elles sont comme des négatifs photographiques, les fantômes des amours mortes (« sans amour »). Les ombres sont souvent associées, dans *Alcools*, à un contexte de tristesse automnale : le vers 29, dans la suite du texte, précise « un port d'automne ». L'image provient aussi partiellement de la contamination de celle des feuilles mortes, remuées par les pieds de la foule des émigrants.

La seconde référence à l'ombre se développe dans la strophe 3. Elle confirme le caractère mélancolique, voire désespéré, du lyrisme. Le rêve de l'Émigrant, gagner de l'argent (voir « Zone », v. 126), est plaisamment atténué par l'adjectif « lyriques », comme un doute sur l'efficacité financière de ces prairies d'un Far-West mythique. Ce qui importe, c'est la négation du retour, mise en valeur par l'octosyllabe du vers 10. C'est surtout le symbole du désarroi sentimental, la noirceur de l'ombre étant accentuée par l'adjectif « aveugle », et renforcée par « guider » (v. 12). Cette image de l'aveugle titubant confirme bien le caractère désespéré du lyrisme amoureux. Ici encore, par jeu de mots, l'ombre est aussi un fantôme, un revenant (suggéré par le verbe « revenir », écrit deux fois vers 10 et 13).

Les mains

Une autre image chère à Apollinaire est présente dans ce texte : celle des mains, mains coupées ou séparées du corps. Dans « Signe », « les mains des amantes d'antan », qui sont comme des feuilles mortes, sont juxtaposées à des images de colombes. Ici, elles deviennent elles-mêmes des « oiseaux blancs » (v. 8), seule note lumineuse du texte, avec le « ciel plein de lacs de lumière » (v. 7). Et pourtant, les mains agitées vers le ciel signifient l'adieu, la séparation définitive. Ce sont les mains de la foule, gantées de blanc, qui saluent une dernière fois les émigrants en partance, et la vie qui s'en va. Indépendamment de sa valeur symbolique, l'image des mains brusquement transformées en oiseaux est surréaliste de ton, et plastiquement superbe : c'est une photographie d'adieu en noir et blanc, admirablement contrastée.

■ 2. LES IMAGES DE MORT

« L'Émigrant de Landor Road », poème de l'amour mort, a également une tonalité funèbre, notamment dans les strophes 2 et 3. L'état auquel aspire l'Émigrant est soit le sommeil perpétuel, soit la mort elle-même.

L'anéantissement du sommeil

Les vers 15 et 16 sont caractéristiques des sentiments morbides de l'Émigrant :

> Mais habillé de neuf je veux dormir enfin
> Sous des arbres pleins d'oiseaux muets et de singes

L'aspiration de l'Émigrant, c'est le sommeil, métaphore de la mort (les oiseaux sont « muets »). Le vers 13 signale le caractère définitif du voyage, après des opérations de départ marquées par la dérision. Au vers 14, en effet, les « crachats » font ambiguïté. Ce mot désigne ici les plaques d'or qui servent d'insignes de haut grade dans les dignités honorifiques ; c'est un sens très particulier, attesté par le dictionnaire. La vente des « crachats » par les boursiers est une sorte de dégradation volontaire dérisoire, accentuée par le sens habituel du mot, auquel on ne peut s'empêcher de penser.

La mort

La mort elle-même est présente à la dernière strophe, marquée par un champ lexical significatif : « journées veuves », « vendredis » (jour de la mort du Christ), « sanglants », « enterrements », « vaincus », « pleuvent ».

Comme ci-dessus, on remarquera que la mort est chargée d'une dérision sarcastique, avec le vers 28 :

> Quand la femme du diable a battu son amant

Ce vers est une variante drôle d'une chansonnette encore populaire au début du XXe siècle : « Il pleut il fait soleil / Le diable bat sa femme / À grands coups de bâton [...] » Ici, c'est l'amant, éternel mal-aimé dans l'univers sentimental d'Apollinaire, qui a le mauvais rôle, dans cette transformation burlesque du trio traditionnel mari-femme-amant.

■ 3. LE TON HUMORISTIQUE

L'humour caractérise les strophes 1 et 5 (et partiellement 6). Le récit y est fait à la troisième personne (« il » désigne l'Émigrant). On serait tenté de parler d'humour noir, car le champ lexical de ces strophes est aussi bien celui de la souffrance et de la mort : « couper quelques têtes » (v. 3), « un lord mort » (v. 19), « victimes » (v. 23), « enchaînées » (v. 24). Cependant, à peine est-il esquissé que le tragique glisse vers le burlesque, grâce à un rejet expressif qui provoque le sourire :

> Ce commerçant venait de couper quelques têtes
> De mannequins [...] (v. 3-4).

L'image est drôle, et provient de la superposition des mannequins dans les vitrines de magasins de mode avec les mannequins de couturières, bustes montés sur trépieds, sans bras ni tête.

Dans le récit de l'action du commerçant, le discours est totalement surréaliste. Ce décalage par rapport à la logique de la réalité est accentué par le conformisme du reste de la strophe (« Le chapeau à la main », v. 1 ; « un tailleur très chic », v. 2 ; « comme il faut qu'on se vête », v. 4). Ce conformisme est très britannique : le « roi » de Grande-Bretagne

(v. 2) est, en 1904, Édouard VII, populaire en France grâce à l'Entente cordiale de la même année.

La vision surréaliste se poursuit à la strophe 5, par le procédé de l'animation des mannequins :

> Les mannequins pour lui s'étant déshabillés
> Battirent leurs habits puis les lui essayèrent (v. 16-17).

L'illogisme cocasse provient des habits battus (on le fait généralement pour enlever la poussière), contrastant avec « habillé de neuf » (v. 15). Il est accentué par la poursuite de la contradiction au vers 19 (« un lord » / « mort sans avoir payé »), et au vers 20 (« Au rabais » / « millionnaire »).

Mais, en même temps que cocasses, les mots qui s'appellent l'un l'autre sont lourds de sens. Ainsi, « Battirent » renvoie au vers 28 (« a battu son amant »). De même, « habillé de neuf » (v. 15) est chargé de symbole : celui du désir, chez le mal-aimé, d'oublier le passé, et de fondre l'avenir de l'Émigrant dans l'aspiration au sommeil de la mort.

CONCLUSION

Le mélange des tons, dans ce début de « L'Émigrant », entre le lyrisme mélancolique, les évocations macabres et l'humour acide, procède du choix délibéré d'une esthétique : celle du contraste. Ce goût du contraste dans l'expression poétique se manifeste avec une nette continuité dans l'évolution du style d'Apollinaire de « La Chanson du Mal-Aimé » à « Zone ».

En 1905, « L'Émigrant » témoigne aussi de cet aspect caractéristique de la poétique d'Apollinaire, où rien n'est vraiment prévisible, où l'inattendu vient brusquement casser le ton. Sans doute cet aspect du style d'Apollinaire a-t-il pour fonction consciente de provoquer la surprise, voire la gêne. Il y a là un côté provocateur qui, de fait, a déstabilisé plus d'un lecteur à la sortie d'*Alcools*. On peut y voir aussi une sorte de pudeur qui, au moment de la confidence personnelle la plus déchirante, détruit par le gag l'étalage des sentiments. La surprise est, en tout cas, un élément capital du génie d'Apollinaire. Le poète diffère en cela des romantiques, et trouve là une bonne part de son originalité moderne.

8 Nuit rhénane

Mon verre est plein d'un vin trembleur comme une flamme
Écoutez la chanson lente d'un batelier
Qui raconte avoir vu sous la lune sept femmes
4 Tordre leurs cheveux verts et longs jusqu'à leurs pieds

Debout chantez plus haut en dansant une ronde
Que je n'entende plus le chant du batelier
Et mettez près de moi toutes les filles blondes
8 Au regard immobile aux nattes repliées

Le Rhin le Rhin est ivre où les vignes se mirent
Tout l'or des nuits tombe en tremblant s'y refléter
La voix chante toujours à en râle-mourir
12 Ces fées aux cheveux verts qui incantent l'été

Mon verre s'est brisé comme un éclat de rire

LECTURE MÉTHODIQUE

INTRODUCTION

« Nuit rhénane », comme « Mai » (voir p. 68), appartient à la suite des *Rhénanes*. Ce sont neuf poèmes inspirés par le séjour d'Apollinaire au bord du Rhin et, de manière allusive, par son amour pour Annie Playden (voir p. 30). La spécificité de « Nuit rhénane » tient à sa mise en œuvre de figures empruntées à la mythologie germanique, les Ondines. Elles ont une séduction certaine et un pouvoir maléfique qui entraînent le poète dans un univers surnaturel inquiétant.

Nous étudierons tout d'abord la progression dramatique, remarquable dans un poème où rien ne se passe jusqu'au dernier vers. Puis nous analyserons l'expression des diverses manifestations du surnaturel. Enfin, nous nous attacherons, au double plan de l'énoncé et de l'énonciation, à la puissance magique du verbe : au plan de l'énoncé, à la magie du chant du batelier dans le poème ; au plan de l'énonciation, à la magie dans l'écriture d'Apollinaire.

1. LA PROGRESSION DRAMATIQUE

● **Strophe 1**

Le poème s'ouvre sur l'évocation d'une scène paisible dans un cabaret, le soir au bord du Rhin, comme l'indique le titre : « Nuit rhénane ». Le protagoniste — le personnage qui dit « je » et qui, dès le deuxième vers, nous invite à partager ses impressions (« Écoutez ») — contemple son verre empli de vin en écoutant « la chanson lente d'un batelier » (v. 2). Ce dernier célèbre l'apparition de « sept femmes » aux « cheveux verts » (v. 3-4), Ondines que la mythologie germanique fait vivre au fond des fleuves dans un palais de cristal où elles attirent et gardent prisonniers pêcheurs et chevaliers.

● **Strophe 2**

Abruptement, la deuxième strophe exprime l'effroi du protagoniste. S'adressant cette fois à ses compagnons de boisson : « Debout chantez plus haut en dansant une ronde » (v. 5), il révèle que c'est précisément « le chant du batelier », avec les Ondines qu'il décrit, qui est la cause de sa frayeur. Et il tente de conjurer leur puissance maléfique en s'entourant de jeunes filles ordinaires, « blondes » (v. 7), inexpressives (« Au regard immobile », v. 8) et sages (« aux nattes repliées », v. 8).

● **Strophe 3**

La troisième strophe marque encore une progression dans l'ordre de l'étrange et de l'inquiétant. Le jeune homme (le protagoniste) y découvre l'ivresse du fleuve lui-même ; et la répétition (« Le Rhin le Rhin est ivre », v. 9) traduit justement son saisissement et son appréhension que partagent aussi les étoiles (« l'or des nuits », v. 10) qui « tombe[nt] en tremblant [s]e refléter » (v. 10) au fond du Rhin.

Au chant du batelier est associé un thème de mort (« à en râle-mourir, v. 11) tandis que se révèle la nature véritable des Ondines : ce sont des sorcières jeteuses de sorts (« incantent », v. 12).

● Strophe 4

La quatrième strophe, constituée d'un seul alexandrin, contraste par sa brièveté avec les quatrains précédents. Elle traduit précisément l'éclatement inattendu du verre : « Mon verre s'est brisé comme un éclat de rire » (v. 13), comme sous l'effet des sorts des « fées aux cheveux verts » (v. 12) de la strophe précédente ou de la chanson qui les célèbre.

L'absence de commentaire prouve la stupeur du protagoniste atterré par le triomphe du surnaturel. Le poème s'achève de manière abrupte, laissant le lecteur partager l'incrédulité du jeune homme.

2. L'EXPRESSION DU SURNATUREL

Le surnaturel apparaît de différentes façons ici. Il se manifeste d'abord, de façon explicite, dans la chanson du batelier consacrée aux Ondines (str. 1 et 3). Il se dévoile aussi avec l'animation de la nature (le Rhin, les vignes, les étoiles, str. 3). Il se révèle enfin avec l'éclatement du verre (str. 4) qui nous amène à réexaminer le tout premier vers du poème.

Le surnaturel dans la chanson du batelier (strophes 1 et 3)

Le chant du batelier se présente dès l'abord comme un témoignage : « Qui raconte *avoir vu* » (v. 3).

Néanmoins, son récit s'inscrit d'emblée dans un contexte qui indique la nature véritable des ensorceleuses. Se réunissant de nuit et « sous la lune » (v. 3), astre traditionnellement maléfique, elles sont « sept » (v. 3) (nombre magique) et leurs cheveux sont « verts » (v. 4). Cette couleur révèle leur nature et leur origine : ce sont des Ondines, sorcières vivant au fond du Rhin (voir p. 61). Leur chevelure verte se confond avec l'eau du fleuve qui l'imprègne ; c'est pourquoi, au sortir du Rhin, elles doivent la « Tordre » (v. 4).

Par ailleurs, elles possèdent un élément quasi irrésistible de séduction auprès des hommes : ces cheveux « longs jusqu'à leurs pieds » (v. 4) auxquels le protagoniste oppose, pour se garder d'elles, les rassurantes « nattes repliées » (v. 8) des « filles blondes » (v. 7) de la réalité.

Apollinaire n'insiste pas, dans ce poème, sur leur capacité à attirer, puis à retenir, les hommes au fond de l'eau. Néanmoins, il associe un thème de mort (« à en râle-mourir », v. 11) à la voix qui les célèbre :

> La voix chante toujours à en râle-mourir
> Ces fées aux cheveux verts [...] (v. 11-12).

Et il n'hésite pas à nommer leur activité surnaturelle, elles « incantent [= ensorcellent] l'été » (v. 12), même s'il emploie pour cela un mot vieilli, étranger à l'état actuel de notre langue[1].

Le surnaturel dans le paysage
(strophe 3)

Les deux premiers vers de la strophe 3, consacrés au paysage, présentent une autre sorte de surnaturel. Son ressort principal, fréquent dans la poésie d'Apollinaire[2], est l'animation des éléments de la nature : le fleuve est ivre, les vignes s'y « mirent » (= s'y regardent comme dans un miroir) et « l'or des nuits [= les étoiles] tombe en tremblant s'y refléter ». Deux images importantes se dégagent : celle de la toute-puissance du regard (« se mirent », « tombe [...] s[e] refléter ») et celle du tremblement (« tombe en tremblant »).

• La toute-puissance du regard

En effet, au vers 9 : « Le Rhin le Rhin est ivre où les vignes se mirent », la postposition de la subordonnée relative (« où

---
1. « Incanter » est un verbe ancien, que nous retrouvons dans la racine d'« incantation » (= emploi de paroles magiques) et dont nous connaissons le doublet et synonyme « enchanter » (= jeter des sorts).
2. Voir, par exemple, « Mai », p. 69.

les vignes se mirent »), après le verbe et loin de son antécédent (« le Rhin »), met cette subordonnée en relief et suggère un lien de cause à effet : c'est *parce que* les vignes s'y mirent que le fleuve est ivre.

De la même façon, le vers 10, « Tout l'or des nuits tombe en tremblant s'y refléter », reprend l'image du miroir en lui associant celle d'une chute provoquée par une vision dans l'eau (*cf.* « La Loreley [1] »).

Dans ce contexte, le regard apparaît doué d'une puissance magique et parfois dangereuse : on comprend pourquoi le protagoniste, cherchant à se protéger des Ondines, appelle à son secours des filles « Au regard immobile » (v. 8).

• **Le tremblement**

Toujours dans ce contexte d'animation des éléments de la nature, le tremblement des étoiles se reflétant au fond du fleuve, « Tout l'or des nuits tombe en tremblant s'y refléter » (v. 10), acquiert une valeur d'effroi dont nous verrons qu'elle touche aussi le vin au fond du verre dans le cabaret.

Le surnaturel dans le cabaret
(strophes 1 et 4)

« Nuit rhénane » s'achève, au treizième vers (treize étant un nombre magique), par l'éclatement inexpliqué du verre : « Mon verre s'est brisé comme un éclat de rire ».

La comparaison (« comme un éclat de rire ») suggère, au-delà de l'impression auditive (le bruit du verre se brisant), une réaction méchamment moqueuse, une sorte de ricanement sardonique marquant le triomphe des forces surnaturelles sur la réalité paisible des buveurs. Du coup, le bris du verre authentifie la réalité des Ondines, donc la véracité du témoignage du batelier qui « raconte [les] avoir vu[es] » (v. 3).

---

1. « La Loreley » est un des poèmes rhénans comme « Nuit rhénane » et « Mai ». Apollinaire y met en scène « une sorcière blonde » dont les « yeux sont maudits » et qui « tombe dans le Rhin » : « Pour avoir vu dans l'eau la belle Loreley / Ses yeux couleur du Rhin ses cheveux de soleil ». En fait, l'image du regard tout-puissant est liée au souvenir d'Annie et à ses yeux de sorcière ; dans « La Chanson du Mal-Aimé » : « Ses regards laissaient une traîne / D'étoiles dans les soirs tremblants » (str. 29).

Par ailleurs, cet éclatement amène à réinterpréter dans le premier vers du poème, l'épithète « trembleur ». Car au-delà de l'impression visuelle (le reflet de la flamme d'une bougie, par exemple), l'adjectif, qui ne s'emploie que pour des êtres animés[1], personnifie le vin. Ce dernier *tremble* (comme au vers 10, « l'or des nuits ») parce qu'il entre en contact avec le surnaturel : les Ondines dont il redoute, à juste titre, la puissance maléfique.

3. ÉNONCÉ ET ÉNONCIATION : LA PUISSANCE MAGIQUE DU VERBE

On remarquera le lien étroit entre le surnaturel et ce que nous appelons le Verbe et qui recouvre ici le chant, le râle (v. 11), le fait de nommer (v. 12) et la poésie. Nous examinerons donc, au niveau de l'énoncé (de l'histoire racontée), tout ce qui relève de la toute-puissance du Verbe ; puis nous verrons, au niveau de l'énonciation (de la manière dont Apollinaire raconte l'histoire), ce qui reflète la magie.

La toute-puissance du Verbe dans l'histoire racontée

Nous l'avons dit déjà, les Ondines n'apparaissent dans le poème qu'à travers la chanson du batelier. Pourtant, d'emblée, celle-ci suscite de l'effroi chez le protagoniste. Pour se défendre, il a recours à deux parades également inefficaces : l'appel aux « filles blondes » (v. 7) de la réalité ; le recours à un chant quasi enfantin (« une ronde », v. 5) pour couvrir le chant envoûtant et se protéger en s'enfermant dans un cercle magique, comme s'il était en danger.

Pareillement, le tremblement du vin (v. 1), puis celui des étoiles (v. 10), peut s'expliquer par leur frayeur à entendre « la chanson lente » (v. 2). Car le poème juxtapose de la même façon dans les deux strophes le tremblement au chant :

---

1. « Trembleur », en fonction adjectivale, est d'un emploi vieilli (attesté au XVIIIe siècle, puis chez Apollinaire dans ce poème) ; il ne s'emploie que pour des êtres animés.

« [...] un vin *trembleur* comme une flamme / Écoutez la *chanson* lente [...] » (v. 1-2) ; « [...] tombe *en tremblant* s'y refléter / La voix *chante* toujours [...] » (v. 10-11).

Enfin la comparaison des vers consacrés à ce chant (v. 2-4, 10-11) fait apparaître une évolution significative. Alors qu'à la strophe 1, la chanson se borne à décrire des « femmes » à « cheveux verts » (v. 3-4), elle les *nomme* à la strophe 3 : ce sont des « fées » (v. 12) ; et elle *nomme* aussi leur activité de sorcellerie : « incantent » (v. 12) (= ensorcellent).

C'est alors que le verre se brise, comme pour rompre l'envoûtement, ou pour protéger le secret (la nature des « fées »), ou en réponse à une incantation.

La magie dans l'écriture et la composition du poème

• La composition

Le poème est composé en boucle. Il débute et se termine par un vers consacré au devenir du « verre ». Cette boucle reproduit très précisément l'image de la « ronde » (v. 2) appelée pour servir d'antidote à la séduction des Ondines. « Nuit rhénane » est, en quelque sorte, une « ronde » qui permet de se protéger de ces « fées » tout en les célébrant.

• Les correspondances

Les images consacrées au verre de vin (v. 1) trouvent leur correspondant dans celles qui décrivent la nature (v. 9-10) : le « verre est plein d[e] vin » / « le Rhin est ivre » ; le vin tremble / les étoiles tremblent ; le vin est comme une flamme / les étoiles sont de l'or (analogie de couleur).

De façon comparable, le destin du chanteur (le batelier) s'apparente à celui du Rhin et à celui des étoiles soumis à la toute-puissance du regard (voir p. 63-64). C'est pour « *avoir vu* sous la lune sept femmes » (v. 3) qu'il est contraint de les chanter, réduit peu à peu à sa seule « voix » (v. 11), puis à un « râle » (v. 11) qui annonce la mort (voir p. 67).

Ainsi Apollinaire suggère-t-il un univers où les frontières disparaissent entre l'animé et l'inanimé, entre l'objet et la nature. Effet d'ivresse ? Effet de magie ? On est tenté de répondre, et cela revient au même, effet de poésie, car l'ivresse est toujours poétique chez lui, et nous avons vu que le Verbe est magique.

- **Les mots rares**

Ils sont associés au vin (« trembleur », v. 1), au chant (« râle-mourir », v. 11), à la magie (« incantent », v. 12). Le premier (« trembleur ») se comprend aisément (*cf.* p. 65). Le deuxième, création d'Apollinaire, associe de façon expressive le son du « chant » du moribond (« râle ») au verbe qui décrit son état (« mourir »). Le troisième (« incantent ») est plus subtil (voir p. 63, note 1) : on y retrouve la racine latine *cantare* qui a aussi donné « chanter ». Or ce verbe se trouve au vers précédent : « La voix chante toujours » (v. 11), associé à « râle-mourir ». On voit comment Apollinaire rappelle la parenté entre « chanter » et « enchanter » et comment, ayant lié ainsi poésie et magie, il souligne ce lien en employant des mots étrangers à la langue que nous parlons.

L'attention prêtée aux mots rares permet de délimiter, ici, le champ sémantique de la poésie : le vin et la flamme (l'inspiration, la brûlure), le chant, la magie.

CONCLUSION

« Nuit rhénane » est en fait un poème très complexe : il entraîne le lecteur dans une série d'interprétations que remettent en cause, à chaque fois, le bris du verre qui le clôt. Rêverie dramatique née des vapeurs du vin, chanson glorifiant des sorcières à la fois belles et dangereuses, évocation voilée d'une femme aimée et cruelle, « Nuit rhénane » est certainement tout cela. Mais plus encore, ce poème célèbre l'action magique par excellence, la création poétique qui renouvelle le monde. En ce sens, le bris du verre symbolise l'irruption de la poésie dans la réalité banale qu'elle fait voler en éclats.

9 Mai

Le mai le joli mai en barque sur le Rhin
Des dames regardaient du haut de la montagne
Vous êtes si jolies mais la barque s'éloigne
Qui donc a fait pleurer les saules riverains

5 Or des vergers fleuris se figeaient en arrière
Les pétales tombés des cerisiers de mai
Sont les ongles de celle que j'ai tant aimée
Les pétales flétris sont comme ses paupières

Sur le chemin du bord du fleuve lentement
10 Un ours un singe un chien menés par des tziganes
Suivaient une roulotte traînée par un âne
Tandis que s'éloignait dans les vignes rhénanes
Sur un fifre lointain un air de régiment

Le mai le joli mai a paré les ruines
15 De lierre de vigne vierge et de rosiers
Le vent du Rhin secoue sur le bord les osiers
Et les roseaux jaseurs et les fleurs nues des vignes

LECTURE MÉTHODIQUE

INTRODUCTION

« Mai » est un poème lyrique : il est l'expression de sentiments personnels et s'inspire des impressions recueillies par Apollinaire lors de son séjour sur les bords du Rhin. Mais aussi (voir, p. 30) il contient des allusions plus ou moins explicites à son amour pour Annie, dont la présence discrète explique le désenchantement subtil du poème.

L'étude structurelle du poème révèle, dans les deux premières strophes, l'existence d'un thème des amours impossibles. Il disparaît des strophes 3 et 4, de même que s'efface le protagoniste qui jouait un rôle important dans les strophes 1 et 2. Tel sera notre premier axe de lecture.

Par ailleurs, le poème offre une profusion d'images qui traduisent le passage du temps et celui des sentiments, et qui suggèrent la vanité de toutes choses. Notre deuxième axe sera donc consacré à l'étude de la temporalité, aux pôles antithétiques du passage (du temps, des sentiments) et de la permanence. Enfin, nous souhaitons proposer des lectures plurielles du poème, c'est-à-dire des interprétations différentes susceptibles de coexister.

1. STRUCTURE DU POÈME

L'étude structurelle permet de dégager, pour chaque strophe, un thème dominant. Mais nous traiterons ensemble les strophes 3 et 4, qui sont marquées par l'effacement du protagoniste.

La rencontre impossible (strophe 1)

Au début du poème, tout paraît annoncer une idylle printanière : son titre (« Mai »), qui est repris au premier vers (« Le mai le joli mai ») ; les personnages mis en scène (« Des dames » sur la rive qui « regard[ent] », v. 2) ; un jeune homme qui passe « en barque sur le Rhin », (v. 1). L'exclamation admirative de ce dernier (« Vous êtes si jolies », v. 3) ne peut que renforcer notre impression.

Mais les dames sont inaccessibles, étant en « haut de la montagne » (v. 2) ; et « la barque s'éloigne » (v. 3), entraînée par le courant. La rencontre est donc impossible.

Le jeune homme accepte le destin. Mais, sur la rive, les arbres déplorent à sa place les amours impossibles : « Qui donc a fait pleurer les saules riverains » (v. 4).

Le regard en arrière (strophe 2)

La deuxième strophe évoque, de façon allusive, la figure de la jeune femme aimée. Tandis que file la barque sur le fleuve, les « vergers fleuris » (v. 5) de la rive demeurent

« en arrière » (v. 5) et leur image « se fig[e] » (v. 5) dans la mémoire du jeune homme. Simultanément, la vision des « pétales tombés des cerisiers de mai » (v. 6) ramène le souvenir de la bien-aimée. Il y a une analogie de forme, de couleur et même de texture (« pétales flétris ») entre les pétales des fleurs et les paupières ou les ongles de la jeune femme. C'est pourquoi le poète écrit que ces pétales « *Sont* [s]es ongles » (métaphore) et qu'ils « *sont comme* ses paupières » (comparaison).

En revanche, l'amour n'est plus : le passé composé, « celle que j'ai tant aimée » (v. 7), exprime l'aspect accompli, donc fini, de l'action[1]. Pourtant, le souvenir demeure, blessant comme les « ongles » (v. 7), « fig[é] en arrière » (v. 5) comme les « vergers fleuris » (v. 5) auquel il reste associé.

L'effacement du protagoniste
(strophes 3 et 4)

Les deux premiers quatrains suggèrent l'existence d'un jeune homme qui apparaît impliqué dans une relation amoureuse virtuelle (str. 1) ou réelle (str. 2). Il s'adresse à des interlocutrices (« *Vous* êtes si jolies », v. 3) ; ensuite, il se parle à lui-même (« [....] celle que *j*'ai tant aimée », v. 7), les adverbes intensifs (*si, tant*) marquant l'affectivité.

Dans les deux dernières strophes, au contraire, le protagoniste laisse d'abord la place à des comparses, puis ceux-ci eux-mêmes disparaissent complètement. La strophe 3, en effet, montre la maigre troupe d'un pauvre cirque local, représenté surtout par quelques animaux[2] (v.10). Et si on y entend bien le « fifre lointain » (v. 13) d'un régiment, la strophe ne dépeint pas les soldats. Quant au dernier quatrain, il ne présente que du minéral (« les ruines », v. 14) et du végétal (« lierre », « vigne vierge », « rosiers », « osiers », « roseaux », v. 15-17) et ne fait entendre que le vent.

Dans aucune de ces deux dernières strophes n'apparaissent non plus de marques du discours (pronoms personnels,

---

1. À la fin de « La Chanson du Mal-Aimé », on trouve, avec le même aspect accompli : « toi que j'ai tant aimée » (str. 58, voir p. 43).
2. L'effet de pauvreté est renforcé par l'emploi de monosyllabes (*mono* : un) et par la répétition de l'adjectif numéral « un ».

adverbes intensifs, voir p. 70). C'est à peine si l'image à résonance érotique du dernier vers, « les fleurs nues des vignes » (v. 17), peut suggérer une présence : celle du jeune homme dans la barque, dont le regard et la pensée allient des mots au registre aussi éloigné que « fleurs » et « nues »[1].

2. IMAGES DE LA TEMPORALITÉ : PASSAGE ET PERMANENCE

On ne se baigne jamais deux fois dans la même eau, disait un philosophe ancien (Héraclite), pour exprimer par une image la notion du passage du temps et de l'altération des sentiments. Pourtant, même s'il change, l'être humain conserve le sentiment de son identité : il reste lui-même, conscient peut-être d'avoir vieilli, ou de s'être profondément transformé — sûr pourtant d'être lui-même et non un autre. Ces thèmes (passage et permanence), qui sont au cœur de la problématique apollinarienne[2], sont ici suggérés par des images : ce sont elles que nous étudierons.

Les images du passage

Des images illustrant, d'une manière ou d'une autre, le thème du passage apparaissent dans chaque strophe.

L'image centrale est celle du fleuve, le Rhin, dont le courant puissant entraîne la frêle embarcation : ce faisant, il empêche la rencontre amoureuse, mais offre aussi au protagoniste une grande variété de paysages et de spectacles.

La deuxième image est liée au cycle des saisons, c'est-à-dire au temps. C'est celle des « cerisiers de mai » (v. 6) dont les pétales tombent et se flétrissent. Elle suggère une dégradation de la beauté et de la jeunesse, dont l'aboutissement est la mort. Ce thème est renforcé par l'allusion, dans la même strophe, à la mort de l'amour qui lui est étroitement associée : « celle que j'ai tant aimée » (v. 7).

Puis viennent les deux cortèges de la troisième strophe. Nous avons déjà remarqué la pauvreté du premier, celui des

---
1. Sur l'alliance de mots, voir p. 35, note 1.
2. Voir notamment « Le Pont Mirabeau », p. 22-25.

bohémiens (p. 70). Nous pouvons en noter la lenteur et l'effort qui sont marqués par les coupes inhabituelles des deux premiers alexandrins (4-5-3 // 2-2-2-6). Cette lenteur est aussi soulignée par la longueur de la strophe, seul quintil (= strophe de cinq vers) dans un contexte de quatrains.

Quant au second cortège, qui présente le seul élément tonique et gai du poème, « un air de régiment » (v. 13), il est frappant qu'il soit représenté comme « s'éloign[ant] » (v. 12), de même que la barque de la première strophe : on peut penser que la joie, comme l'amour, s'en va.

Enfin, le dernier quatrain s'ouvre sur la vision des « ruines » (v. 14) d'anciens châteaux fortifiés, signes contradictoires du passage (ce qui est détruit) et de la permanence (ce qui demeure). Et il s'achève sur l'évocation du vent qui, tel le fleuve, cherche à tout entraîner et dont le souffle puissant « secoue » (v. 16), dans une belle harmonie imitative en [v], [s], [z], [f], les plantes sur le rivage (v. 16-17) :

> Le vent du Rhin secoue sur le bord les osiers
> Et les roseaux jaseurs et les fleurs nues des vignes

Les images de la permanence

Aux images du passage s'opposent celles de la permanence, moins nombreuses, localisées aux trois quatrains.

Dans le premier, ce sont les « dames » (v. 2) sur la montagne, symboles de l'amour impossible. Dans le deuxième, ce sont les « vergers fleuris se fige[ant] en arrière » (v. 5), images fixes (« se fige[ant] ») par rapport à un protagoniste qui s'éloigne et continue de les voir « en arrière » : souvenirs de la jeune fille naguère aimée et maintenant perdue. Dans le dernier apparaissent les « ruines » (v. 14), dont nous venons de voir la signification ambiguë : à la fois ce qui est détruit et ce qui résiste à la destruction — marques historiques d'un passé qui n'existe plus mais qui se perpétue dans le souvenir (comme l'histoire d'amour évoquée à la strophe 2).

Enfin, l'image des plantes que « secoue » (v. 16) le vent du Rhin, plantes qui plient et ne rompent pas, suggère aussi la résistance au grand souffle destructeur — celle du souvenir érotique : « fleurs *nues* des vignes » (v. 17) ; celle de la parole pourtant impuissante à faire revenir le passé : « roseaux *jaseurs* » (v. 17) (« jaseurs » se disant de ceux qui parlent pour ne pas dire grand-chose).

3. LECTURES PLURIELLES

Ce poème est en fait très complexe. En effet, les images de la promenade du jeune homme solitaire s'imposent facilement ; mais le problème demeure de la valeur, réelle ou symbolique, qu'il convient de donner à chacune des strophes. Nous allons proposer trois interprétations, qui d'ailleurs ne s'excluent pas nécessairement.

Une idylle impossible

À un premier niveau de lecture, il s'agit d'une idylle impossible, brièvement imaginée par le protagoniste (str. 1). Celui-ci évoque ensuite un grand amour passé et perdu (str. 2), puis il se borne à décrire, au fil de sa promenade, tout ce qu'il aperçoit sur les rives du fleuve. Pourtant, l'absence d'amour attriste sa vision.

La comparaison du premier et du dernier quatrain (qui s'ouvrent sur les mêmes mots : « Le mai le joli mai », v. 1 et 14) révèle le contraste entre l'espoir du début et le désenchantement de la fin (voir p. 72). L'étude de la première strophe révèle aussi un calembour plein de sens. L'équivoque des sons fait apparaître, après le *joli mai* idyllique, une formule qui traduit le désenchantement : *jolies mais*. Ainsi, le rêve de bonheur s'efface devant une réalité résignée.

Le souvenir de la femme aimée et perdue

À un deuxième niveau de lecture, la deuxième strophe donne la « clef » du poème. Celui-ci, dans sa totalité, célèbre le souvenir de « celle que j'ai tant aimée » (v. 7). Telle une vignette, la première strophe annonce l'impossibilité de l'amour (par l'idylle impossible) et la douleur qui s'ensuit : « Qui donc a fait pleurer les saules riverains » (v. 4).

Les strophes 3 et 4 disent symboliquement la fuite du temps, l'altération des sentiments, la futilité des serments (« les ruines », v. 14). L'effacement du protagoniste s'explique par son découragement devant la disparition de l'amour et la perte de la femme aimée. Quant à la parole qui ne peut ressusciter l'amour ni atténuer le regret, ce n'est plus qu'un babillage (« roseaux jaseurs », v. 17).

Une réflexion sur le souvenir

Enfin, on peut considérer le poème dans son ensemble comme une réflexion sur le souvenir. La première strophe, rappel d'une rencontre récente, symbolise l'impossibilité de l'amour heureux. La deuxième évoque la femme dont le souvenir ne cesse de troubler le poète. La troisième peut illustrer, par l'image des cortèges, la difficulté avec laquelle s'effacent les souvenirs. Quant au dernier quatrain, consacré à l'embellissement des « ruines » (v. 14), c'est le processus même du souvenir qu'il décrit : car le souvenir embellit parfois les événements ou les personnes qu'il éternise.

Dans cette perspective, on peut noter comment l'écriture du poème met en œuvre le fonctionnement de la mémoire. La strophe 2, par exemple, commence par un récit au passé : « des vergers fleuris se figeaient » (v. 5). Mais la vue des « pétales » (v. 6) apporte, dans le récit, un fragment de discours au présent : « Les pétales [...] / Sont les ongles » (v. 6-7), comme si le jeune homme éprouvait la violence du souvenir au moment même où il le raconte.

CONCLUSION

C'est l'art d'Apollinaire que d'allier, dans ce court poème, tant de complexité à une grande simplicité. Car cette petite scène rhénane, esquissée à grands traits, permet surtout au poète d'exprimer les thèmes fondamentaux de son lyrisme : regret de l'amour, impossible ou perdu ; résignation triste à ce que tout passe ; soumission devant la force du souvenir.

Mais alors que dans d'autres poèmes (« La Chanson du Mal-Aimé », « Le Pont Mirabeau »), ces thèmes s'expriment avec force, parfois avec violence, ici, ils sont chantés sur le mode mineur, allusif, comme sans y toucher ; et ils finissent par s'effacer, comme emportés par le souffle puissant du vent du Rhin qui « secoue » (v. 16) tout ce qu'il touche.

10 Automne malade

Automne malade et adoré
Tu mourras quand l'ouragan soufflera dans les roseraies
Quand il aura neigé
Dans les vergers

5 Pauvre automne
Meurs en blancheur et en richesse
De neige et de fruits mûrs
Au fond du ciel
Des éperviers planent
10 Sur les nixes nicettes aux cheveux verts et naines
Qui n'ont jamais aimé

Aux lisières lointaines
Les cerfs ont bramé

Et que j'aime ô saison que j'aime tes rumeurs
15 Les fruits tombant sans qu'on les cueille
Le vent et la forêt qui pleurent
Toutes leurs larmes en automne feuille à feuille
        Les feuilles
        Qu'on foule
        Un train
20   Qui roule
        La vie
        S'écoule

COMMENTAIRE COMPOSÉ

[INTRODUCTION]

« Automne malade » est un poème élégiaque[1], publié pour la première fois dans *Alcools*. Sa date de composition est incertaine, peut-être 1902. Situé dans le recueil après la série des *Rhénanes*, il se rattache aux textes inspirés par le séjour du poète en Rhénanie. Mais le décor géographique importe moins que le traitement du thème de l'automne.

Le poète voit dans l'automne, symbole du temps qui passe, sa saison de prédilection. Il est sensible à l'opposition qui marque cette époque de l'année, féconde par ses fruits, mais menacée par l'hiver. Enfin, le poète réussit à faire passer dans la musique de ses vers les rumeurs de l'automne qui l'enchantent. Telles sont les trois directions de recherche que nous esquisserons successivement.

[1. UNE SAISON « MENTALE »]

Apollinaire qualifie ainsi l'automne dans « Signe » :

> Mon Automne éternelle ô ma saison mentale

C'est dire l'importance qu'il attache à cette saison, nommée ou évoquée dans les titres de nombreux poèmes du recueil d'*Alcools*, ou leur sujet principal.

La relation affective qui unit le poète à l'automne est bien marquée, dès le premier vers, par l'adjectif à la rime « adoré ». La répétition du verbe « aimer », au vers 14, renforce l'idée. Le poème « Signe » nous indique qu'il s'agit, dans cette passion pour la nature automnale, d'une sorte de déterminisme astrologique :

> Je suis soumis au Chef[2] du Signe de l'Automne

Apollinaire, en effet, est né un 26 août, sous le signe astrologique de la Vierge, qui marque le début de l'automne. On

---
1. Voir « Le Pont Mirabeau », p. 22.
2. Chef : point essentiel, caractéristique. Ici, la richesse fragile de l'automne.

peut donc bien parler ici d'une saison « mentale », d'un thème de prédilection, dans lequel s'exprime naturellement la sensibilité du poète, en plein accord avec le sujet de ses vers.

La concordance entre l'affectivité du poète et la saison automnale se voit également par la personnification de l'automne. Elle se manifeste essentiellement, dans le discours poétique, par le choix de la deuxième personne du singulier, comme si Apollinaire dialoguait avec la saison. Ainsi, l'apostrophe des vers 5 et 6 souligne-t-elle la sympathie apitoyée du poète :

> Pauvre automne
> Meurs en blancheur et en tristesse

Il en va de même avec les deuxièmes personnes « Tu mourras » (v. 2) et « tes rumeurs » (v. 14). Enfin, le choix de l'adjectif « malade » du titre, repris au vers 1, contribue à l'humanisation de l'automne, dont la fragilité rappelle celle de l'homme.

[2. LA FRAGILITÉ DE LA RICHESSE]

La fragilité, l'instabilité, le changement sont les premiers caractères de l'automne apollinarien. Ils se manifestent d'abord dans l'opposition des couleurs. Une version manuscrite du début du poème, non retenue, montre bien l'origine visuelle de l'adjectif « adoré » :

> Un arbre est tout en or dans le jardin

« Or » est répété plus loin dans le manuscrit, et repris par « doré ». L'idée de l'opulence de l'automne est ainsi, dans le texte définitif, développée par le champ lexical suivant : « adoré » (v. 1, / doré), « vergers » (v. 4), « richesse » (v. 6), « fruits mûrs » (v. 7), repris par « fruits » (v. 15).

Mais à la couleur de l'or des fruits s'oppose la blancheur hivernale de la neige. Au champ lexical de l'opulence s'oppose, exactement terme à terme, celui de la destruction ;
— v. 1 : « malade » / « adoré » ;
— v. 3-4 : « aura neigé » / « vergers » ;
— v. 6 : « blancheur » / « richesse » ;

— v. 7 : « neige » / « fruits mûrs » ;
— v. 15 : « tombant » / « fruits ».

La valeur symbolique de l'automne est ici tout entière dans ce jeu subtil de contrastes, qui soulignent, en même temps que la fécondité de la vie, l'arrivée imminente de la mort. C'est l'image même de la fragilité de la vie, dont la dénonciation mélancolique caractérise ici, avec une originalité certaine, le lyrisme élégiaque d'Apollinaire.

De plus, l'imminence de la destruction au cœur même de la richesse se traduit deux fois par une menace. La première est celle du souffle de l'ouragan, annoncé par le futur du verbe (v. 2). Plus nette encore est la menace des vers 8-11 :

> Au fond du ciel
> Des éperviers planent
> Sur les nixes nicettes aux cheveux verts et naines
> Qui n'ont jamais aimé

Les « nixes », sur lesquelles planent les oiseaux de proie, sont, dans la mythologie germanique, des Ondines, divinités des eaux. Elles rappellent ici le Rhin (leurs cheveux « verts » sont des algues). « Nicettes » signifie en ancien français « simplettes » ; l'adjectif est appelé phonétiquement par « nixes », mais il a aussi une valeur dépréciative reprise par « naines ». Ce sont les filles en mal d'amour, comme la Loreley. Elles symbolisent l'échec de l'amour, si souvent lié, chez Apollinaire, aux thèmes automnaux (voir « Signe »).

[3. LA MUSICALITÉ DU VERS]

Dans ce poème extrêmement musical, Apollinaire sollicite l'imagination sonore du lecteur par la nature même des bruits automnaux qu'il suggère : le souffle de l'ouragan (v. 2), le brame des cerfs (v. 13), la plainte du vent (v. 16). C'est, en somme, le décor sonore objectif de l'automne, juste et précis.

Plus intéressante est la transcription musicale des bruits dans le registre poétique. Ainsi, on admirera d'abord la subtilité dans le travail des voyelles au vers 2. Dans ce vers de quinze syllabes, Apollinaire parvient à répéter trois fois la séquence sonore : ou / ra / an :

Tu m<u>ourr</u>as qu<u>and</u> l'<u>ouragan</u> s<u>oufflera</u> d<u>ans</u> les roseraies
       1   2   3

C'est là un exemple remarquable de l'adéquation de la musique du vers à l'idée rendue, la plainte suggérée par les bruits.

Un autre exemple du travail sur les sonorités, dans des vers qui précisément parlent de « rumeurs », se trouve aux vers 14-17. Ce sont à la fois les répétitions (« que j'aime », « feuille à feuille ») et les rythmes qui sont éloquents. Les deux octosyllabes sont encadrés par deux alexandrins, le premier en rythme 4 × 3, le second, inversé, en rythme 3 × 4 (c'est le trimètre romantique). Cette astuce rythmique amplifie le souffle ascendant de la première moitié de la strophe. En opposition, les six derniers vers de deux syllabes traduisent, dans une période descendante, le rythme decrescendo de la vie qui s'écoule. Le phénomène d'écho (« foule » / « roule » / « S'écoule ») marque l'éloignement progressif du train qui roule, et la fuite du temps. L'image des feuilles mortes souligne la déperdition de la vie.

On constate ici, une fois de plus, la source de l'harmonie poétique : le mélange indissociable du thème, des images, des rythmes et des sonorités.

▰▰▰ [CONCLUSION]

« Automne malade » est donc caractéristique du lyrisme élégiaque d'Apollinaire. On y trouve quelques-uns des thèmes fondamentaux de l'univers poétique d'*Alcools* : l'automne fragile, l'amour menacé, le temps qui coule, le passage de la vie à la mort. Mais le chant lyrique, la musique des vers, l'intensité de l'affectivité, atténuent la tristesse des idées, et donnent au poème une douceur en demi-teinte, une mélancolie propre au génie singulier du poète.

LITTÉRATURE

THÈMES ET QUESTIONS D'ENSEMBLE

- 94 La nature : Rousseau et les romantiques
- 95 La fuite du temps, de Ronsard au XXe siècle
- 97 Voyage et exotisme au XIXe siècle
- 98 La critique de la société au XVIIIe siècle
- 106 La rencontre dans l'univers romanesque
- 111 L'autobiographie, de Montaigne à Nathalie Sarraute
- 130 Le héros romantique
- 137 Les débuts de roman
- 155 La critique de la guerre

HISTOIRE LITTÉRAIRE

- 114/115 50 romans clés de la littérature française
- 119 Histoire de la littérature en France au XVIe siècle
- 120 Histoire de la littérature en France au XVIIe siècle
- 139/140 Histoire de la littérature en France au XVIIIe siècle
- 123/124 Histoire de la littérature et des idées en France au XIXe siècle
- 125/126 Histoire de la littérature et des idées en France au XXe siècle
- 128/129 Mémento de littérature française
- 127 La littérature fantastique en France
- 116 25 romans clés de la littérature négro-africaine
- 117/118 La littérature canadienne francophone
- 151/152 Le théâtre Problématiques essentielles

HORS SÉRIE

- 1000 Guide des Profils pour la recherche des idées à partir de la collection « Profil »

FORMATION

EXPRESSION ÉCRITE ET ORALE

- 306 Trouvez le mot juste
- 307 Prendre la parole
- 308 Travailler en groupe
- 309 Conduire une réunion
- 310 Le compte rendu de lecture
- 311/312 Le français sans faute
- 323 Améliorez votre style, tome 1
- 365 Améliorez votre style, tome 2
- 342 Testez vos connaissances en vocabulaire
- 426 Testez vos connaissances en orthographe
- 390 500 fautes de français à éviter
- 391 Écrire avec logique et clarté
- 395 Lexique des faux amis
- 398 400 citations expliquées
- 415/416 Enrichissez votre vocabulaire
- 424 Du paragraphe à l'essai
- 425 Les mots clés de la mythologie

LE FRANÇAIS AUX EXAMENS

- 422/423 Les mots clés du français au bac
- 303/304 Le résumé de texte
- 417/418 Vers le commentaire composé
- 313/314 Du plan à la dissertation
- 324/325 Le commentaire de texte au baccalauréat
- 394 L'oral de français au bac
- 421 Pour étudier un poème

BONNES COPIES DE BAC

- 317/318 Bonnes copies Le commentaire composé, tome 1
- 349/350 Bonnes copies Le commentaire composé, tome 2
- 319/320 Bonnes copies Dissertation, essai, tome 1
- 347/348 Bonnes copies Dissertation, essai, tome 2
- 363/364 Bonnes copies, Technique du résumé et de la discussion